ISBN 978-3-649-63935-0
© 2021 Coppenrath Verlag GmbH & Co. KG
Hafenweg 30, 48155 Münster, Germany
Illustrationen: © Barbara Behr
Textsatz und grafische Gestaltung: Beate Kahramanlar
Textsammlung: Daniela Vogel, Christina Bloem
Redaktion: Christina Bloem

www.coppenrath.de

Mutige Frauen bewegen die Welt

INSPIRIERENDE GEDANKEN & GESCHICHTEN

COPPENRATH

Inhalt

Was wir haben, können wir

verlieren, aber doch niemals, was wir sind.

Wilhelmine von Hillern

Becoming – Meine Geschichte

Prolog

März 2017

Als Kind hatte ich einfache Ziele. Ich wollte einen Hund haben. Ich wollte ein Haus mit einer Treppe – zwei Stockwerke für eine Familie. Und aus irgendeinem Grund wünschte ich mir einen viertürigen Kombi statt des zweitürigen Buick, der der ganze Stolz meines Vaters war. Ich erzählte allen, dass ich Kinderärztin werden wollte, wenn ich groß war. Warum? Weil ich gern mit kleinen Kindern zusammen war und außerdem schnell heraushatte, dass Erwachsene so etwas gerne hörten. Ach, Ärztin! Das ist aber eine prima Entscheidung! Damals hatte ich Zöpfe, kommandierte meinen großen Bruder herum und schaffte es, immer und unter allen Umständen, in der Schule die besten Noten zu bekommen. Ich war ehrgeizig, obwohl ich nicht so genau wusste, was ich dabei eigentlich im Sinn hatte. Inzwischen glaube ich, dass Erwachsene einem Kind kaum eine sinnlosere Frage stellen können als: Was willst du mal werden, wenn du groß bist? Als ob das Werden ein Ziel hätte. Als ob man irgendwann etwas geworden ist, und damit hat es sich dann.

Bisher wurde ich in meinem Leben Anwältin. Ich wurde Vizepräsidentin eines Krankenhauses und habe eine gemeinnützige Organisation geleitet, die junge Menschen dabei unterstützt, sich eine erfüllende Karriere aufzubauen. Ich war eine schwarze Studentin aus der Arbeiterschicht an einem renommierten, mehrheitlich weißen College. Ich war oft die einzige Frau, die einzige Afroamerikanerin, in den unterschiedlichsten Räumen. Ich war Braut, gestresste junge Mutter, von Trauer zerrissene Tochter. Und bis vor Kurzem war ich die First Lady der Vereinigten Staaten von Amerika – ein Beruf, der offiziell gar kein Beruf ist, mir aber trotzdem ein Podium geboten hat, wie ich es mir nie hätte träumen lassen. Er hat mich herausgefordert, mich demütig gemacht, mich emporgehoben und niedergestreckt, nicht selten sogar beides gleichzeitig. Ich fange gerade erst an, all das zu verarbeiten, was in den vergangenen Jahren geschehen ist – angefangen mit dem Moment im Jahr 2006, als mein Mann erstmals von einer Präsidentschaftskandidatur zu sprechen begann, bis hin zu dem kalten Morgen im letzten Winter, als ich mit Melania Trump in eine Limousine stieg, um sie zur Amtseinführung ihres Mannes zu begleiten. Was für ein Ritt!

Als First Lady erlebt man Amerika in all seinen Extremen. Ich war bei Fundraising-Veranstaltungen in Privathäusern, die eher an Kunstmuseen erinnern; Häuser, deren Bewohner Badewannen aus Edelstein besitzen. Ich habe Familien besucht, die durch Hurrikan Katrina alles verloren hatten und Tränen der Dankbarkeit weinten, wenn ihnen wenigstens noch ein funktionsfähiger Kühlschrank und Herd geblieben waren. Ich habe Menschen kennengelernt, die ich oberflächlich und scheinheilig fand, und andere – Lehrer, Ehepartner von Militärangehörigen und so viele andere –,

11

die von ganz erstaunlicher Tiefe und Stärke waren. Und ich bin Kindern begegnet – zahllosen Kindern, überall auf der Welt –, die mich zum Lachen gebracht, mich mit Hoffnung erfüllt haben und wunderbarerweise meine Stellung einfach vergaßen, sobald wir anfingen, gemeinsam in der Erde eines Gartens zu graben.

Seitdem ich zögerlich in die Öffentlichkeit trat, hat man mich als mächtigste Frau der Welt hochgehalten und gleichzeitig als „zornige schwarze Frau" niedergemacht. Am liebsten hätte ich meine Kritiker gefragt, welcher Teil dieser Formulierung eigentlich das Entscheidende für sie war: „zornig", „schwarz" oder „Frau"? Ich habe für Fotos mit Leuten gelächelt, die meinen Mann im Fernsehen aufs Übelste beschimpfen, sich aber trotzdem noch ein gerahmtes Andenken auf den Kaminsims stellen wollen. Ich habe von den Untiefen des Internets gehört, wo alles an mir in Zweifel gezogen wird, bis hin zu der Frage, ob ich überhaupt eine Frau oder nicht doch ein Mann bin. Ein amtierender Kongressabgeordneter hat sich über meinen Hintern lustig gemacht. Ich war gekränkt. Ich war stinksauer. Aber meistens habe ich mich einfach bemüht, über solche Dinge nur zu lachen.

Es gibt noch so vieles, was ich nicht weiß, über Amerika, über das Leben, darüber, was die Zukunft bringen wird. Aber mich selbst kenne ich. Mein Vater Fraser hat mir beigebracht, hart zu arbeiten, viel zu lachen und immer Wort zu halten. Meine Mutter Marian hat mir gezeigt, wie ich mit meinem eigenen Kopf denken und meine Stimme einsetzen kann. Gemeinsam haben sie mir in unserer beengten

Wohnung in der South Side von Chicago dazu verholfen, den Wert unserer Geschichte, meiner Geschichte und der größeren Geschichte unseres Landes zu erkennen. Selbst dann, wenn sie weder schön noch perfekt ist. Selbst wenn sie realer ist, als einem eigentlich lieb wäre. Denn die eigene Geschichte ist das, was wir haben, was wir immer haben werden. Wir müssen sie für uns beanspruchen. Ich habe acht Jahre lang im Weißen Haus gelebt, einem Ort, der mehr Treppen hat, als ich zählen kann – und dazu noch Aufzüge, eine Kegelbahn und einen hauseigenen Floristen. Ich schlief in einem Bett, das mit italienischer Bettwäsche bezogen war. Unsere Mahlzeiten wurden von einem Team erstklassiger Köche zubereitet und von Fachleuten serviert, die besser ausgebildet sind als das Personal in irgendeinem Fünf-Sterne-Restaurant oder -Hotel. Agenten des Secret Service – bewaffnet, mit Knopf im Ohr und mit betont ausdrucksloser Miene – standen vor unseren Türen und gaben sich alle Mühe, sich aus unserem Familienleben herauszuhalten. Irgendwann hatten wir uns mehr oder weniger daran gewöhnt – an die eigentümliche Pracht unseres neuen Zuhauses und auch an die ständige stumme Gegenwart anderer.

Das Weiße Haus ist der Ort, an dem unsere Töchter auf den Fluren Ball spielten und auf dem South Lawn, dem großen Rasen südlich des Hauses, auf Bäume kletterten. Es ist der Ort, an dem Barack bis spät in die Nacht im Treaty Room über Lageberichten und Redeentwürfen brütete, und es ist auch der Ort, an dem Sunny, einer unserer Hunde, hin und wieder auf den Teppich kackte. Ich konnte auf dem Truman Balcony stehen und den Touristen dabei zuschauen, wie sie mit ihren Selfie-Sticks posierten, durch den eisernen Zaun spähten und zu erkennen versuchten, was dahinter wohl so vor sich ging. Es gab Tage, da verursachte es mir Beklemmungen, dass wir die Fenster aus Sicherheitsgründen immer geschlossen halten mussten, dass ich nicht einfach ohne großes Brimborium kurz frische Luft schnappen konnte. Und dann wieder gab es Zeiten, da erfüllten mich die weißen Magnolien, die draußen blühten, der emsige Alltag des Regierungsbetriebs und die eindrucksvollen militärischen Begrüßungszeremonien mit tiefer Ehrfurcht. Es gab Tage, Wochen und Monate, da hasste ich die Politik regelrecht. Und es gab Momente, da war ich von der Schönheit dieses Landes und seiner Menschen derart überwältigt, dass mir die Worte fehlten.

Dann war es vorbei. Obwohl man weiß, dass dieser Tag kommen wird, obwohl die vorangehenden Wochen von einem emotionalen Abschied nach dem anderen erfüllt sind, rauscht der Tag selbst einfach so vorbei. Eine Hand wird auf die Bibel gelegt; ein Eid wird gesprochen. Die Möbel des einen Präsidenten werden ein-, die des anderen ausgeräumt. Innerhalb weniger Stunden werden Schränke geleert und wieder neu gefüllt. Und einfach so ruhen plötzlich neue Köpfe auf neuen Kissen – neue Temperamente, neue Träume. Und wenn es dann vorbei ist, wenn man zum letzten Mal aus der Tür der berühmtesten Adresse der Welt getreten ist, muss man in vielerlei Hinsicht wieder zu sich selbst finden. Darum möchte ich mit einem kleinen Erlebnis beginnen, das noch gar nicht lange zurückliegt. Ich war daheim, in dem roten Backsteinhaus, das wir kurz zuvor bezogen hatten. Unser neues Haus liegt etwa zwei Meilen von unserem alten entfernt, in einer ruhigen Straße inmitten einer Wohngegend. Wir sind noch dabei, uns einzurichten. Im Wohnzimmer sind die Möbel genauso wie vorher im Weißen Haus angeordnet. Überall haben wir Andenken verteilt, die uns daran erinnern sollen, dass das alles auch wirklich passiert ist: Fotos von unseren Familienurlauben in Camp David, die handgetöpferten Gefäße, die ich von der Abschlussklasse einer Schule für amerikanische Ureinwohner geschenkt bekommen habe, ein von Nelson Mandela signiertes Buch. Das Seltsame an diesem Abend war, dass alle fort waren. Barack war auf Reisen. Sasha war mit Freundinnen unterwegs. Malia lebt und arbeitet inzwischen in New York und verbrachte gerade die letzten Wochen ihres gap years, einer Art Auszeit vor dem Beginn des Studiums. Ich war ganz allein mit unseren beiden Hunden und einem stillen, leeren Haus; etwas, das ich seit acht Jahren nicht mehr erlebt hatte.

Und ich war hungrig. Gefolgt von den Hunden ging ich aus dem Schlafzimmer die Treppe hinunter. In der Küche angekommen öffnete ich die Tür des Kühlschranks. Ich nahm eine Packung Toast heraus und steckte zwei Scheiben davon in den Toaster. Dann machte ich den Schrank auf und holte mir einen Teller. Mir ist klar, wie seltsam sich das anhört, aber mir selbst einen Teller aus dem Küchenschrank zu nehmen, ohne dass irgendwer darauf beharrt, ihn für mich zu holen, und dann allein neben dem Toaster zu stehen und zu warten, bis die Scheiben braun sind, kommt mir wie die größtmögliche Wiederannäherung an mein altes Leben vor. Vielleicht ist es aber auch mein neues Leben, das sich allmählich ankündigt.

Am Ende beließ ich es nicht beim Toast – ich machte mir einen Käsetoast, legte die Brotscheiben in die Mikrowelle und ließ eine dicke Schicht sämigen Cheddarkäse dazwischen zerschmelzen. Dann ging ich mit meinem Teller in den Garten hinaus. Ich brauchte niemandem zu sagen, wo ich hinging. Ich ging einfach. Barfuß und in Shorts. Die Winterkälte war endlich verflogen. In den Beeten entlang der Gartenmauer schauten die ersten Krokusse aus dem Boden. Es roch nach Frühling. Ich setzte mich auf die Stufen unserer Veranda, spürte die Wärme der Sonne, die sich noch in den Schieferplatten unter meinen Füßen hielt. Irgendwo bellte ein Hund, und meine beiden Hunde horchten auf und wirkten kurz etwas verwirrt. Mir kam der Gedanke, dass es für sie ein irritierender Klang sein musste, im Weißen Haus hatten wir ja keine Nachbarn gehabt, geschweige denn Nachbarshunde. Für sie war das alles noch neu. Und während die Hunde lostrotteten, um den Garten zu erkunden, aß ich im Dunkeln meinen Toast und fühlte mich im allerbesten Sinn allein. Meine Gedanken waren nicht bei dem Grüppchen bewaffneter Wachleute, das – keine hundert Meter entfernt – den extra eingebauten Kommandoposten in unserer Garage bemannte, ich dachte auch nicht an den Umstand, dass ich auch weiterhin nicht ohne Personenschutz auf die Straße würde gehen können. Ich dachte nicht an den neuen Präsidenten – und in diesem Moment auch nicht an den alten.

Stattdessen dachte ich daran, dass ich in ein paar Minuten ins Haus zurückkehren, meinen Teller abspülen und dann ins Bett gehen, vielleicht sogar ein Fenster auflassen würde, um die Frühlingsluft zu spüren – und daran, was für eine Wohltat das sein würde! Und außerdem dachte ich daran, dass diese Stille mir die erste richtige Gelegenheit zur Besinnung bot. Als First Lady konnte ich mich am Ende einer hektischen Woche oft kaum noch erinnern, wie sie angefangen hatte. Jetzt bekommt die Zeit allmählich wieder eine andere Qualität. Meine Töchter, die mit ihren Polly-Pocket-Püppchen, einer Schmusedecke namens Blankie und einem Plüschtiger namens Tiger ins Weiße Haus gezogen waren, sind inzwischen Teenager, junge Frauen mit eigenen Plänen und eigenen Stimmen. Mein Mann findet sich auf seine Weise in das Leben nach dem Weißen Haus ein, versucht auf seine Weise durchzuatmen. Und ich? Ich bin hier, an diesem neuen Ort, und habe vieles zu sagen.

Mein Weg zur Kunst

Man musste als Lehrer unbedingt gefürchtete Respektsperson sein. Wenn das Wesen der Erziehung – auch der musikalischen – hauptsächlich darin bestehen soll, dem Schüler die Wege zu seinem eigenen Ich zu bahnen, so ahnte meine Lehrerin davon wohl nichts. Mein kleines, verschüchtertes Ich und die Musik, die ich lernen sollte, stellten sich wie zwei Feinde gegeneinander. Und doch war meine ganze Seele erfüllt von Musik, ich fand nur die bewusste Verbindung mit ihr nicht, und so wurde sie mein Feind.

Noch sehe ich das Zimmer, in dem ich Stunden hatte, mit seinen Glasmalereien an den Fenstern, mit seinen beiden großen Flügeln und den Violinpulten und -kästen, mit seiner Atmosphäre von Schelten und dunklem, angstvollem Widerstreben. Aber seltsamerweise wirkte dies alles nicht so auf mich, dass ich zu begreifen und zu üben versuchte. Ich muss wirklich ein großes Stück Leichtsinn in mir gehabt haben, dass ich alle diese Schrecken immer wieder so schnell vergessen konnte. Mein Gewissen schwieg und erwachte nur, wenn ich vor der eisenbeschlagenen Tür stand, die zu meiner Folterkammer führte. Außerdem erschien mir die Sache derartig hoffnungslos, dass ich mich gar nicht viel um sie mühte.

So ging es eine Weile, bis Kathi erklärte, ich sei so verstockt und faul, dass sie mit mir nichts anfangen könnte. Ich wurde von meiner Mutter sehr streng vermahnt, versprach, mich zu bessern, obgleich ich es mir nicht vorstellen konnte, wie ich es machen sollte, und wurde dann zu Frau Rödder gebracht, der Frau unseres Stadtorganisten. Sie war eine runde, lustige Frau mit einer hellen, freundlichen Stimme, die mit einem Schlage meine ganze widerspenstige und leichtsinnige Seele in ihre Hand bekam. Ich begriff plötzlich alles. Der Musik, die ich lernen sollte, antwortete die Musik in meiner Seele. Jede Stunde brachte neue Offenbarungen. In ihre Zimmer voll Sonne und Blumen kam ich mit frohem Herzen. Das feste Zutrauen dieser liebevollen, warmen Seele zu allem, was gut in mir war, öffnete mein Herz weit. Ich liebte sie und hätte sie nicht enttäuschen können. Ich machte plötzlich große Fortschritte, denn sie lehrte mich, wie ich zu Hause üben musste, und ich übte nun mit Freuden. Und wenn ich meine kleinen Musikstücke auswendig und fehlerlos in der Stunde vorgespielt hatte, dann rief sie mit heller Stimme nach Mann und Söhnen: „Kommt und hört, wie die kleine Mona spielt!"

Und sie kamen und mussten sich als richtige Zuhörer hinsetzen. Stolz und selig saß ich da, mit meinen spiegelblank geflochtenen Zöpfen, mit baumelnden Beinchen auf dem hohen Klavierstuhl, zählte laut und spielte der aufhorchenden Familie meine kleinen Stücke vor. Ja, das war wohl etwas ganz anderes als die Erfolge bei der Familie Tamissar. War es besonders gut gegangen, durfte ich vorsingen: „Die Katz sitzt auf der Mauer" und „Wenn die Schwalben heimwärts ziehn". Das Letztere sang ich mit besonderem Entzücken und großer innerer Bewegung. Frau Rödder, die mich begleitete, strich mir dann liebevoll übers Haar. Einmal sah ich zu meinem großen Erstaunen, dass sie dabei Tränen in den Augen hatte.

„Kind, aus dir wird noch was", sagte sie, und mir war's, als wüchsen mir Flügel.

Hingabe
Ein Traum ist kein Traum

Licht fällt auf einen Schreibtisch mit einem Aschenbecher, einem Stift und einem Stoß Notizpapier. Der Schreiber beugt sich vor, greift zum Stift und verlässt so das Leben jenseits der schweren Holztür, in der zwei geschnitzte Greifvögel eine schwebende Krone halten. Trotz der Stille im Raum ist die Atmosphäre aufgeladen, gefährlich angespannt.

Draußen kauert ein kleines Mädchen unter dem unheilverkündenden Herold, der ein weiches rötliches Licht abzugeben scheint. Sie meint, den Stift ihres Vaters auf dem Papier kratzen zu hören. Sie wartet heimlich, bis das Kratzen verstummt, weil er dann die Tür öffnen, sie an die Hand nehmen, mit ihr die Treppe hinuntergehen und ihr heiße Schokolade machen wird.

WARUM FÜHLT MAN SICH ZUM SCHREIBEN BERUFEN?

Um sich abzusetzen, einzuspinnen, versunken in Einsamkeit, trotz der Bedürfnisse anderer. Virginia Woolf hatte ihr Zimmer. Proust seine verriegelten Fenster. Marguerite Duras ihr stummes Haus. Dylan Thomas seinen bescheidenen Schuppen. Alle wollten eine Leere mit Worten füllen. Worten, die unberührtes Terrain durchdringen, ungeklärte Zusammenhänge ergründen, das Ungeheuerliche aussprechen. Worten, aus denen *Lolita* wurde, *Der Liebhaber, Notre-Dame-des-Fleurs.*

Es gibt haufenweise Notizbücher, die von Jahren gescheiterter Mühen zeugen, von ernüchterter Euphorie und pausenlos abgeschrittenen Dielenbrettern. Wir müssen schreiben und uns unzähligen Kämpfen stellen, wie beim Zureiten eines widerspenstigen Fohlens. Wir müssen schreiben, aber nicht ohne unermüdlichen Einsatz und ein gewisses Maß an Opferbereitschaft: um die Zukunft zu transportieren, in die Kindheit einzutauchen und die Dummheiten und Schrecken der Fantasie für eine pulsierende Leserschaft zu zügeln.

Noch in Paris erhielt ich eine Einladung von Albert Camus' Tochter Catherine, das Haus der Familie Camus in Lourmarin zu besuchen. Ich gehe nur selten zu Leuten nach Hause, weil ich mich dort trotz der erwiesenen Gastfreundschaft oft eingeengt und unter Druck gesetzt fühle. Aus diesem Grund ziehe ich fast immer die angenehme Anonymität eines Hotels vor. Doch in diesem Fall nahm ich die Einladung an; ich fühlte mich geehrt. Nachdem ich mich von Simone verabschiedet hatte, fuhr ich zurück nach Paris, stieg in einen Zug nach Aix-en-Provence und wurde von Catherines Assistent für die einstündige Fahrt nach Lourmarin abgeholt. Und alle Befürchtungen, die mich zuvor bewegt hatten, zerstreuten sich angesichts seiner Freundlichkeit und des herzlichen Empfangs.

Die alte Villa, in der früher Seidenraupen gezüchtet wurden, war von Camus' Nobelpreisgeld erworben worden und sollte neben Paris als zweiter Wohnsitz dienen. Mein kleiner Koffer wurde in das Zimmer gebracht, das früher seines war. Ein Blick aus dem Fenster genügte, um zu verstehen, was ihn hierherzog. Die nackte Sonne, Olivenhaine, trockene Erde, gesprenkelt mit wuchernden gelben Wildblumen – alles schien der natürlichen Kulisse seines Geburtslandes Algerien sehr ähnlich.

Sein Zimmer war seine Zufluchtsstätte. Hier arbeitete er an seinem unfertigen Meisterwerk Der erste Mensch, grub seine Vorfahren aus und erneuerte seine Wurzeln. Hier schrieb er ungestört hinter der schweren Holztür mit den zwei geschnitzten Greifvögeln, die eine Krone halten. Ich konnte mir gut vorstellen, wie die kleine Catherine mit dem Finger die Flügel nachfuhr und sich nichts sehnlicher wünschte, als dass ihr Papa die Tür öffnete.

Ich war vierzehn, als Camus bei einem tragischen Autounfall sein Leben verlor. Die folgenden Nachrichten brachten Bilder von seinen Kindern und eine Beschreibung des Koffers, der sein letztes Manuskript enthielt und im Regen auf einem Feld am Unfallort gefunden wurde. Dass ich mich in dem Zimmer, wo er dieses Buch geschrieben hatte, auch nur kurz aufhalten durfte, erfüllte mich mit Demut.

Zu der bescheidenen Möblierung gehörten einige Bücherregale, die eine Auswahl seiner Bücher enthielten. Die dreibändige Ausgabe der *Journaux de Eugène Delacroix. Lettres de Gauguin. La Vie de Mahomet.* Und *Le Viol des Foules*, Sergei Tschachotins erschreckend hellsichtige Einschätzung vom Missbrauch der Massen durch politische Propaganda. Bevor ich nach unten ging, sah ich noch einmal aus dem Fenster. Jenseits des Feldes hinter den Zypressen liegt der Friedhof, wo er neben seiner Frau ruht, sein Name leicht erodiert, als hätte die Natur ihre eigene Geschichte geschrieben.

Catherine kochte etwas zu Mittag und machte mir einen violettfarbenen Tee, ein Heilmittel gegen meinen chronischen Husten. Wir unterhielten uns herzlich und ungezwungen, ohne einen einzigen Moment peinlichen Schweigens. Danach ging ich mit Catherines Tochter und den Hunden auf den angrenzenden Feldern spazieren. Wir redeten über Bäume und bestimmten sie – Zypressen, Tannen, Kiefern, junge Olivenbäume, Feigen- und Kirschbäume, die voller Früchte hingen, sowie eine eindrucksvolle Libanonzeder. Sie pflückte uns ein paar Kirschen, während die Hunde glücklich vorausstollten. Gegen Ende unseres Spaziergangs reichte sie mir einen Stängel mit winzigen kleinen Blüten, eine Wildblume mit kaum wahrnehmbarem Duft. Sie heißt *Immortelle*, sagte sie.

Nach unserer Rückkehr bat Catherines Assistent mich nach oben ins Büro, wo sie arbeiten und repräsentieren. Das Büro war bescheiden und verströmte eine Atmosphäre stiller Produktivität. Er fragte, ob ich das Manuskript sehen möchte; ich war so erstaunt, dass ich kaum eine Antwort über die Lippen brachte.

Ich wurde gebeten, mir die Hände zu waschen, und kam der Bitte feierlich nach.

Camus' Tochter trat ein und legte das Manuskript von *Le Premier Homme* – Der erste Mensch vor mir auf den Schreibtisch, dann setzte sie sich in gebührendem Abstand in einen Sessel, damit ich mich ungestört dem Buch widmen konnte. In der folgenden Stunde hatte ich das Vergnügen, das gesamte von Hand geschriebene Manuskript eingehend zu studieren. Jede Seite ließ Camus' tiefe Verbundenheit mit seinem Thema erkennen. Man musste den Göttern dafür danken, dass sie ihn mit diesem klaren, unbestechlichen Stil gesegnet hatten.

Vorsichtig blätterte ich Seite für Seite um und staunte bei jedem Blatt über die hohe Ästhetik. Auf den ersten hundert mit Wasserzeichen versehenen Blättern stand links eingraviert *Albert Camus*, die restlichen waren nicht personalisiert, als wäre er es leid gewesen, ständig den eigenen Namen zu lesen. Einige Seiten waren mit seinen stilsicheren Korrekturen versehen – sorgfältig überarbeitete Zeilen oder entschieden durchgestrichene Passagen. Man spürte förmlich das scharfe Sendungsbewusstsein und das rasende Herz, die den Antrieb gaben für die letzten Worte des letzten Absatzes, der letzte Absatz, den er jemals schreiben sollte.

Ich war Catherine dankbar für die Erlaubnis, das Manuskript ihres Vaters zu studieren, und brannte darauf, die kostbare Zeit zu nutzen, in der es mir an nichts fehlte. Doch allmählich spürte ich eine vertraute Verlagerung meiner Konzentration. Diesen Drang, der mich daran hindert, mich einem Kunstwerk ganz zu überlassen, der mich aus den Hallen eines geliebten Museums an mein eigenes Reißbrett zieht. Der mich drängt, die *Songs of Innocence* zu

25

schließen, um, wie Blake, einen flüchtigen Blick auf das Göttliche zu erhaschen, aus dem später vielleicht ein Gedicht wird.

Die entscheidende Kraft für ein einzigartiges Werk ist der Ruf, zu handeln. Und ich erliege immer wieder der Hybris, zu glauben, diesem Ruf folgen zu können.

Die Worte vor mir waren elegant und glühend. Mir zitterten die Hände. Voller Selbstvertrauen drängte es mich, loszustürmen, die Treppe hochzugehen, die schwere Tür zu schließen, die einst seine war, mich vor meinen eigenen Papierstoß zu setzen und meinen eigenen Anfang zu schreiben. Ein Akt unschuldiger Entweihung.

Ich legte die Fingerspitzen an den Rand der letzten Seite. Catherine und ich sahen uns schweigend an. Mit einem Bedauern, das eher dem Ende einer Affäre angemessen war, gab ich ihr das Manuskript zurück. Ich stand auf, der nicht ausgetrunkene violettfarbene Tee war inzwischen kalt, die Strohblume blieb zurück.

Auf dem Weg in die kleine Stadt stelle ich mir vor, wie Camus von seinem Schreibtisch aufsteht und widerstrebend seine Arbeit liegen lässt. Beobachtet vom Geist eines kleinen Mädchens, geht er die Treppe hinunter und folgt demselben Weg, vorbei an der Turmuhr mit der lateinischen Inschrift: *Die vergehenden Stunden zermürben uns.* Er streift durch dieselben gepflasterten Gassen und setzt sich auf seinen Stammplatz im Café de l'Ormeau. Er zündet sich eine Zigarette an, trinkt einen Kaffee und ergibt sich dem dörflichen Treiben. In der Ferne lavendelbewachsene Hügel, Mandelbäume, blauer algerischer Himmel. Irgendwann werden seine Gedanken von der freundlichen Konversation unwillkürlich in seine Schreibkammer wandern, zu einem bestimmten Satz, der noch gelöst werden muss.

Es geht nur langsam voran. In meiner Tasche ist ein Bleistiftstummel.

Was ist der Auftrag? Ein Werk zu schaffen, das auf mehreren Ebenen kommuniziert, ähnlich einer Parabel, ohne faule Tricks.

Was ist der Traum? Etwas Schönes zu schreiben, das besser wäre als ich, das meine Versuche und meine Fehler rechtfertigen würde. Durch ein Chaos von Worten zu beweisen, dass Gott existiert.

Warum schreibe ich? Mein Finger, ein Griffel, malt die Frage in die leere Luft. Ein altes Rätsel, das sich mir seit der Jugend stellt, der Zeit, in der ich mich von Spielen, Freunden und dem Tal der Liebe entfernte, umrankt von Wörtern, einen Takt außen vor.

Warum schreiben wir? Ein Chor explodiert.

Weil wir nicht nur dahinleben können.

Alt sind nur die anderen

Nierenarterien und Speeddating

Sich jung zu fühlen fällt in New York leichter als an anderen Orten. Hier herrscht die Überzeugung, wenn nicht gar der Glaube, dass jeder jung ist. Üblicherweise wird man mit „junge Dame" angesprochen. „Was kann ich für die junge Dame tun?", fragt mich der Mann in der Reinigung um die Ecke, wenn ich den Laden betrete. Oft ist das früh am Morgen, und ich würde am liebsten lachen. Ich bin nicht jung. Ich bin Ende sechzig.

Nicht, dass ich mich alt fühlen würde. Ich sollte es, aber ich tue es nicht. Teilweise fühle ich mich noch immer wie eine Zwanzigjährige. Obwohl ich mein halbes Erwachsenenleben und drei Viertel meines Einkommens auf meine Psychoanalyse verwendet habe, bin ich nach wie vor häufig entscheidungsscheu, zögerlich, besorgt oder voller Ängste. Es ist nicht so einfach, sich in New York alt zu fühlen.

Eine andere verbreitete Anrede lautet „Miss". Guten Morgen, Miss. Entschuldigen Sie, Miss. Man wird „Miss" genannt, ganz gleich, ob man eine zehnjährige Zahnspangenträgerin ist oder achtzig und am Stock geht. Der Sprachgebrauch der New Yorker ist geprägt von ewiger Jugendlichkeit. Frauen jeden Alters können von ihrem „Boyfriend" sprechen. Man sollte meinen, dieser Begriff sei nur für Teenager angemessen. Aber nicht in New York. Da kann man selbst als Sechzigjährige, Siebzigjährige oder Achtzigjährige zu Dates gehen.

Mein Mann und ich saßen im Cupping Room Café, einem sehr alten und unspektakulären Restaurant in SoHo. Mir war nicht wohl. Mein Arzt hatte mir gesagt, ich müsse eine Ultraschalluntersuchung meiner Nierenarterien vornehmen lassen. Er hegte die Befürchtung, eine der Arterien habe sich verengt. Ich hatte bis dahin nicht gewusst, dass ich Nierenarterien besitze. Ich versuche, nicht zu viel an meinen Körper zu denken und daran, wie viele Teile unseres Körpers harmonisch und symmetrisch arbeiten müssen, damit wir funktionsfähig sind. Die potenzielle Verengung meiner neu entdeckten Nierenarterien hatte mich sehr beunruhigt. Als wir uns gesetzt hatten, sah ich mich um und merkte, dass etwas nicht stimmte. Die Gäste sahen anders aus als die übliche Kundschaft. Das waren sie auch nicht. Der Kellner sagte mir, es seien Teilnehmer eines Speeddating-Dinners. Ein Speeddating-Dinner! Ich war neugierig, ließ meinen Mann sitzen und näherte mich dem Zentrum des Geschehens. Jeder der Speeddating-Gäste verbrachte sechs Minuten mit einem Gast des anderen Geschlechts. Nach sechs Minuten musste man den Partner wechseln. Ich war völlig gebannt. Alle Frauen hatten sich schick gemacht. Man konnte sehen, wie viel Mühe sie sich gegeben hatten. Die Männer nicht. Sie wussten, dass es nicht nötig war. Sie wussten, dass sie begehrenswert waren, solange sie noch schnaufen konnten. Ich beobachtete die Frauen, die sich bemühten, und war vom Beobachten so absorbiert, dass der Mann, der das Speeddating-Dinner veranstaltete, zu mir herkam und mich fragte, ob ich an einem Speed-dating-Dinner interessiert sei. Es gebe, sagte er, Speeddating-Veranstaltungen für alle Altersgruppen. Und die Erfolgsquote sei ziemlich hoch, fügte er hinzu.

Es ist wirklich nicht einfach, sich alt vorzukommen oder sich über Nierenarterien Sorgen zu machen, wenn man gerade zu einem Speeddating-Dinner eingeladen wurde.

Früher war mehr Rock 'n' Roll

Ein unscheinbares Café in der 14th Street. Am Nebentisch spricht ein Mann um die dreißig in ernsthaftem Ton über Cher. Ich freue mich, dass Leute noch immer ernsthaft über Cher sprechen. Ende der Sechzigerjahre, als ich Rockjournalistin war, habe ich sie mehrmals interviewt. Ihr Können und ihre Fähigkeiten machen mich fast ein bisschen stolz. „Cher ist dreiundneunzig", sagt der Mann zu der jungen Frau, die wie gebannt an seinen Lippen hängt. Sie wirkt beeindruckt. „Cher ist dreiundneunzig und hat noch einen dichten Haarschopf", sagt er. Ich funkle ihn zornig an. Er schenkt mir keine Beachtung. Cher und ich sind gleichaltrig. Weder sie noch ich sind dreiundneunzig.

Ich fühle mich stellvertretend gekränkt. Das Älterwerden ist unerquicklich genug, auch ohne in meinem Alter für eine Dreiundneunzigjährige gehalten zu werden. Neulich empfahl mir eine Freundin, nie mit Brille in den Spiegel zu sehen. Ich habe mir verkniffen, ihr zu sagen, dass ich ohne Brille nicht sehr viel sehen kann. Sie hat es sicher gut gemeint. Ich runzle inzwischen die Stirn, wenn ich in den Spiegel sehe. Aber das habe ich wahrscheinlich schon mein Lebtag getan.

Das Älterwerden macht mir mehr zu schaffen, als ich mir eingestehen mag. Im Supermarkt marschiere ich an den wachsenden Regalen mit Inkontinenzwindeln so schnell vorbei, als befürchtete ich, meine Blase könnte aus eigenen Stücken zu lecken beginnen, sollte ich stehen bleiben oder einer Packung Inkontinenzwindeln zu nahe kommen.

Ich verlasse das Café. Ich habe einen Routinetermin bei meinem Dermatologen. Ich versuche, alle Gedanken daran zu verscheuchen, dass Cher oder ich dreiundneunzig Jahre alt wären.

Bei meinem Dermatologen stehe ich fast nackt da, während er meinen Körper sorgfältig begutachtet. Er trägt eine Vergrößerungsbrille, die aussieht, als könnte der Arzt mit ihr durch mehrere Hautschichten direkt Leber oder Lunge betrachten.

Er beendet seine Untersuchung, tritt zurück und sagt: „Sie sind in bester Form." Ich sehe ihn an. „Kein Mensch, der bei Trost ist, könnte mich ansehen und so etwas sagen", sage ich. Das ist wahr. Alles an meinem Körper ist abgesackt und schlaffer als früher. Der Arzt lacht. Ich begreife, dass er als Dermatologe gesprochen hat. Er wollte nur sagen, dass er keine bösartigen Hautveränderungen entdeckt hat.

Da wir in New York sind, wohnt mein Dermatologe im selben Haus wie Keith Richards. Er hat mir erzählt, dass er Keith – er nennt ihn Keith, als handelte es sich um irgendeinen Keith Brown oder Keith Smith – ein Exemplar meines Romans „Lola Bensky" geschenkt hat. „Lola Bensky" basiert mehr oder weniger auf meinen Erfahrungen als sehr, sehr junge Rockjournalistin.

Mein Mann ist Maler. Er liebt die Rolling Stones. Er hört ihre Musik beim Malen in seinem Atelier. Die Lautstärke dreht er bis zum Gehtnichtmehr auf. Ich gebe mir größte Mühe, keinen Ton zu hören – mit Ausnahme der Stelle, an der Keith Richards auf dem Album „Some Girls" Folgendes singt: „After all is said and done / Gotta move while it's still fun."

Diese Stelle geht mir nicht aus dem Kopf.

Wir wissen nicht,
wie groß wir sind,
bis sie uns zum Aufstehen zwingen.
Und wenn wir es dann wirklich tun,
wird unser Kopf durch Wolken dringen.

Emily Dickinson

Die Kunst, Chanel zu sein
Adieu, nicht auf Wiedersehen

Ich habe versucht, von mir zu sprechen, ohne an mich zu denken. Denn jeder, der an sich denkt, ist bereits tot. Aber da man genauso tot ist, wenn die anderen nicht mehr an einen denken, musste ich mich, wenn auch widerwillig, entschließen, mich in Szene zu setzen und Ihnen meine Präsenz aufzuzwingen.

Mein Leben war nur eine verlängerte Kindheit. Wie bei allen Schicksalen, in denen Poesie eine Rolle spielt. Ich habe nie etwas vergessen. Völlig unwissend und völlig unverbildet bin ich aus der tiefen Auvergne herausgetreten. Nie habe ich Zeit gehabt, mich einem Gefühl von Unglück zu überlassen, für einen anderen Menschen da zu sein oder Kinder zu haben. Es ist vermutlich kein Zufall, dass ich allein gelebt habe. Ich bin im Zeichen des Löwen geboren; die Astrologen werden verstehen, was das bedeutet. Es wäre sehr schwer für einen Mann, wenn er nicht sehr stark wäre, mit mir zu leben. Und mir wäre es, wäre er stärker als ich, unmöglich, mit ihm zu leben.

Das schönste Geschenk, das Gott mir gemacht hat, ist die Fähigkeit, nicht zu lieben, wenn man mich nicht liebt. Und mir die alltäglichste Form der Liebe, die Eifersucht, nicht eingeimpft zu haben.

Ich bin keine Heldin. Aber ich habe mir gewählt, was ich sein wollte, und bin es. Egal, wenn ich nicht beliebt und nicht angenehm bin.

Was ich Ihnen erzähle, betont eher meine Fehler als meine Qualitäten. Ich habe ein paar recht reizvolle Qualitäten; und eine Menge unerträglicher Fehler. Wie ich schon anfangs sagte, bin ich stolz wie kaum jemand – sofern ich mich nicht irre und alles nur Eitelkeit ist. Denn wahren Stolz gibt man nicht nur niemals zu, er lässt sich auch gar nicht erklären: Es ist der Stolz Ludwigs XIV. oder der von Englands Natur.

Man braucht mich nur zu hören, um zu erkennen, dass es mir an Ausgewogenheit fehlt, dass ich zu viel rede, obwohl man doch viel eher gefällt, wenn man zuhört, dass ich schnell vergesse, dass ich außerdem gerne vergesse. Ich stürze mich auf die Menschen, um sie zu zwingen, zu denken wie ich.

Meine Meinung zu ändern ist mir ein Horror. Anderen zuzuhören ärgert mich, es sei denn, hinter den Türen. Schon der erste Satz, den sie sprechen, bringt mich auf die Palme, dabei finde ich unerklärlichen Gefallen an nutzlosen Diskussionen, die mich schier aushöhlen. Ich arbeite gern im Lärm, im Gespräch, in Erregung, in Wirrwarr. Ich möchte beim Reden gefallen, ich denke redend und kreiere redend.

Ich bin weder intelligent noch strohdumm, aber ich glaube nicht, ein Jedermann zu sein. Das ist in Frankreich ohnehin niemand. Ich habe Geschäfte gemacht, ohne eine Geschäftsfrau zu sein. Ich habe geliebt, ohne liebestoll zu sein. Die beiden einzigen Männer, die ich geliebt habe, dürften sich an mich erinnern, auf Erden und im Himmel, denn die Männer erinnern sich immer an eine Frau, die ihnen viel Sorgen gemacht hat. Ich habe meine Pflicht erfüllt, den Menschen wie dem Leben gegenüber, ohne einem Prinzip zu folgen, sondern aus dem Bedürfnis nach Gerechtigkeit. So mancher glaubt, ich spuckte nur Galle und Bosheiten. Was die Menschen nicht alles glauben … Sie glauben ja wirklich alles, nur nicht, dass man arbeitet, dass man an sich und nicht an sie denkt. Ich bin gut, sofern man es mir nicht sagt, denn das kotzt mich an und ärgert mich. Ich bin schnell gereizt, reizbar und ein Ärgernis.

Ich bin voll von Widersprüchen, die nur mich angehen, an die ich mich aber nicht gewöhnen kann; ich halte mich für die scheueste und kühnste, die fröhlichste und traurigste Person. Nicht ich bin heftig, sondern die Widersprüche, die großen Gegensätze, die in meiner kleinen Person aufeinanderprallen. Ich hasse es, bemitleidet zu werden, liebe es aber, mich zu beklagen, das Opferlamm zu spielen. Ich laufe vor der Medizin davon, habe aber eine Leidenschaft für pharmazeutische Besonderheiten, weil die Apotheker sich dafür interessieren, was ich sage, die Ärzte mir aber nicht einmal zuhören.

Ich bin absolut nicht oberflächlich. Ich habe eine Chefinnen-Seele. Ich nehme alles sehr ernst. Bei mir muss alles ehrlich sein. Auf mich selbst habe ich nie ungedeckte Schecks ausgestellt.

Ich hasse das Alleinsein und lebe doch völlig allein. Ich würde bezahlen, um nicht allein zu sein. Ich würde den diensthabenden Polizisten heraufbitten, um nicht allein zu Abend zu essen. Dabei erwarte ich von der Welt doch nur Undankbarkeit. (Echte Großherzigkeit besteht vielleicht darin, wenn man um die Undankbarkeit weiß und sie akzeptiert.) Doch ich weiß, dass die Melancholie, ließe ich mich gehen, mit geöffnetem Schlund auf mich lauert … langweilige Menschen sind toxisch, und Langeweile wirkt auf mich wie ein tödliches Gift. Güte ödet mich an, und Vernunft bringt mich um.

Jedes Mal, wenn ich etwas Vernünftiges getan habe, hat es mir Unglück gebracht.

Dies ist, kurz gesagt, alles, was ich zu mir zu sagen habe. Haben Sie es begriffen?

Nun … das Gegenteil von alldem bin ich auch.

Das ist das Material, das mein Gedächtnis mir geliefert hat, mit all den Steinen, die man in meinen Garten warf, und all den Balken, die ich im Auge des Nächsten fand.

Was ich Ihnen hier erzähle, ist kein Testament.

Wo es jetzt hingeht, weiß ich nicht, aber irgendwohin werde ich gehen, und zu Ende ist es nicht. Ich sah mit ziemlicher Klarheit heranrücken, was eingetreten ist, und vermag daher zu erraten, was kommen wird. Wenn man mir sagt, Europa liege in Trümmern, dann spüre ich, dass Europa meine Mutter ist und ich bei ihr bleiben werde. Fügte man aber hinzu – was schlimmer wäre –, Europa sei veraltet, dann spüre ich, dass ich es ohne Bedauern verlassen werde, wie ich meine Familie verließ, und dass ich mein Leben ohne Europa fortsetzen oder auch neu beginnen werde. Wäre Europa das Gegenteil von dem Europa, das wir hinter uns lassen, werde ich mich damit abfinden, wäre es aber das gleiche Europa in ärmlicherer und mieserer Form (fast hätte ich „hässlich" gesagt, doch das ist es nicht), dann gehe ich. „Aber die Mode, das ist doch Paris!", sagt man mir. Worauf ich antworte: Sofern Paris Paris ist und Europa Europa! Paris wird nicht Paris und Europa nicht Europa sein, solange den Kundinnen eine Wurst lieber ist als ein Kleid und solange in meine Boutique amerikanische Offiziere in Uniform kommen … die in Wirklichkeit ehemalige Kundinnen sind, Offiziere, deren Oberst mir um den Hals fällt und sich als Madeleine Carroll entpuppt.

Ich glaube, dass das, was morgen in der Welt geschehen wird, in Europa nicht passieren wird. Und das ist die wahre Tragödie. Denn ich möchte zu dem gehören, was kommen wird. Und dafür werde ich überall hingehen. Ganze Gesellschaften werde ich unter mir zuschanden machen, wie man ein Pferd zuschanden reitet.

Man wird wohl anderswo hingehen müssen. Etwas anderes machen müssen. Ich bin bereit, neu anzufangen.

Tod dem Tod! Halt fest am Leben! (Dabei bin ich äußerst neugierig, was die andere Seite anbetrifft. Ich werde ins Paradies gehen und echte Engel anziehen, nachdem ich mir auf Erden mit den anderen Engeln die Hölle bereitet habe.)

Solange ich lebe, werde ich mich jedenfalls niemals zur Ruhe setzen. Nirgendwo ist es für mich so öde und anstrengend wie in einem Erholungsheim. Ich spüre jetzt schon, wie ich mich im Himmel langweilen werde, schon im Flugzeug ist mir langweiliger als auf dem Boden.

Nicht Europa interessiert mich, mich interessiert die Erde, die sich dreht. Betrachte ich mein kleines gequältes Jívaro-lndianer-Gesicht unter meiner Haarflut im Spiegel, dann steht das Bild tellurischer Umwälzungen vor mir.

Durch Zufall kam ich zur Couture. Durch Zufall entwarf ich Parfums. Jetzt werde ich etwas anderes machen. Was? Ich weiß es nicht. Auch das wird der Zufall entscheiden. Aber ich bin bereit. Ich sage Ihnen nicht für lange Zeit Adieu. Ich denke noch an nichts, aber ich weiß, dass ich im geeigneten Moment mich auf etwas stürzen werde, das in Reichweite liegt.

Ein Vierteljahrhundert lang habe ich Mode entworfen. Das werde ich nicht nochmals beginnen. Debakel der Zeit, nicht meines …

Ich war nie erfolglos. Alles, was ich unternahm, gelang mir von A bis Z. Auch zu den Menschen war ich weitaus netter als ekelhaft. So habe ich mir neben dem anderen auch das seelische Wohlbehagen erworben. Und das macht mich frei wie einen Vogel. Vergebens erklärt Monsieur Sartre mir, ich sei eine elende, in meiner menschlichen Bedingtheit eingeschlossene Kreatur (wie Lassalle in den Anfängen des Marxismus schon sagte: „Dem Arbeiter muss erst einmal klargemacht werden, wie unglücklich er ist"), denn ich bin wild entschlossen, glücklich zu sein, ohne dieses erst vor Kurzem erfundene alltägliche Gift, das man „das Glück" nennt.

Ich habe wunderbare und nützliche Erfindungen hervorgebracht und wurde geschmäht, gleichermaßen von denen, die sie ärmer machten, wie von denen, die sie bereicherten.

Ich hatte eine Freundin, die ich abgöttisch liebte, sie betrog mich. Ich habe Gutes getan, soweit ich nur konnte, und erntete nur Ohrfeigen.

Ich wollte das Los meiner Arbeiterinnen verbessern, und das ging übel aus.

Ich habe zwei Männer geliebt, und als es darum ging, sie zu heiraten, habe ich alles darangesetzt, den einen zu verheiraten und den anderen in den Hafen der Ehe zu bringen.

Ich habe das Universum gekleidet, und heute läuft es nackt und bloß.

Dies alles macht mir Spaß. Dies alles befriedigt den mir innewohnenden tiefen Drang nach Zerstörung und Neuanfang. Man erkennt das Leben an seiner Inkohärenz. Die Welt besteht nur aus Kampf und Konfusion. Im Gegensatz zu dem, was Sert prophezeite, werde ich eine sehr schlechte Tote sein, denn wenn ich erst einmal unter der Erde bin, werde ich rebellieren und nur den einen Gedanken haben, auf sie zurückzukehren und neu zu beginnen.

Die Waffen nieder!

Mit siebzehn Jahren war ich ein recht überspanntes Ding. Das könnte ich wohl heute nicht mehr wissen, wenn die aufbewahrten Tagebuchblätter nicht wären. Aber darin haben die längst verflüchtigten Schwärmereien, die niemals wieder gedachten Gedanken, die nie wieder gefühlten Gefühle sich verewigt, und so kann ich jetzt beurteilen, was für exaltierte Ideen in dem dummen, hübschen Kopfe steckten. (…) Zur Verwirklichung dieser bescheidenen Lebensansprüche bot sich mir keine Gelegenheit. Auch im Zirkus von einem Löwen als christliche Märtyrerin zerrissen zu werden – ein anderer (laut Eintragung vom 19. September 1853) von mir beneideter Beruf – war mir nicht zugänglich, und so hatte ich offenbar unter dem Bewusstsein zu leiden, dass die großen Taten, nach welchen meine Seele dürstete, ewig ungeschehen bleiben müssten, dass mein Leben – im Grunde genommen – ein verfehltes war. Ach, warum war ich nicht als Knabe zur Welt gekommen! – da hätte ich doch Erhabenes erstreben und leisten können. (…) Aus alledem brauche ich nicht zu schließen, dass ich eine Heldennatur besaß. Die Sache lag einfach so: Ich war begeisterungsfähig und leidenschaftlich; da habe ich mich natürlich für dasjenige leidenschaftlich begeistert, was mir von meinen Lehrbüchern und von meiner Umgebung am höchsten angepriesen wurde. (…) Meinen Erzieherinnen und Lehrern habe ich viel Freude gemacht, dessen erinnere ich mich –, denn ich war eine fleißige, mit gutem Gedächtnis begabte und namentlich ehrgeizige Schülerin. Da ich meinen Ehrgeiz, wie schon bemerkt, nicht damit befriedigen konnte, als Heldenjungfrau Schlachten zu gewinnen, so begnügte ich mich damit, in den Lektionen gute Zensuren davonzutragen und durch meinen Lerneifer der Umgebung Bewunderung abzuzwingen. (…) Gegen Klavierspielerei – welche doch auch im Erziehungsplan aufgezeichnet stand – habe ich mich standhaft zur Wehr gesetzt. Ich besaß weder Talent noch Lust zur Musik und fühlte, dass mir darin keine Ehrgeizbefriedigung winkte. Ich bat so lange und inständig, mir die kostbare Zeit, die ich an meine anderen Studien wenden wollte, nicht für das aussichtslose Geklimper zu kürzen, dass mich mein guter Vater von der musikalischen Fronarbeit freisprach. Zum großen Leidwesen der Tante, welche meinte, ohne Klavierspiel gäbe es keine eigentliche Bildung mehr. (…) Obgleich meine offizielle Einführung in die sogenannte Welt erst in der kommenden Winterszeit stattfinden sollte, so wurde mir doch gestattet, einige kleine Kurhausbälle mitzumachen; – gleichsam als Vorübung im Tanzen und Konversieren, damit ich in meiner ersten Faschingssaison nicht gar zu schüchtern und ungelenk auftreten möge. Doch was geschah auf der ersten „Reunion", die ich besuchte? Ein großes, sterbliches Verlieben. Natürlich war's ein Husarenleutnant. (…) Und er, der Zweiundzwanzigjährige, hat wohl Ähnliches empfunden, als er mit dem hübschesten Mädchen des Balles (nach dreißig Jahren kann man schon so etwas konstatieren) im Walzertakt durch den Saal flog; da dachte er wohl auch: Dich besitzen, du süßes Ding, das wöge alle Marschallstäbe auf. (…) Dennoch, ich erinnere mich: Es war eine herrliche Zeit. Eine Art Feenmärchentraum. Ich hatte ja alles, was ein junges Frauenherz nur begehren kann: Liebe, Reichtum, Rang, Vermögen – und das meiste so neu, so überraschend, so staunenerregend! Wir liebten uns wahnsinnig, mein Arno und ich, mit dem ganzen Feuer unserer lebensstrotzenden, schönheitssicheren Jugend. Und zufällig war mein glänzender Husar nebenbei ein braver, herzensguter, edel denkender Junge, mit weltmännischer Bildung und heiterem Humor (er hätte ja ebenso gut – was bot der Marienbader Ball für eine Bürgschaft dagegen? – ein böser und ein roher Mensch sein können) und zufällig war auch ich ein leidlich gescheites und gemütliches Ding (er hätte auf besagtem Balle ebenso gut in ein launenhaftes hübsches Gänschen sich verlieben können); so kam es denn, dass wir vollkommen glücklich waren (…).

Ein **Gedanke** kann

...icht erwachen, ohne andere *zu wecken.*

Marie von Ebner-Eschenbach

Ich bin Malala
Rede vor den Vereinten Nationen 12. Juli 2013

Bismillah al Rahman al Rahim
Im Namen Gottes, des Gnädigen, des Barmherzigen.

Hochverehrter UN-Generalsekretär Ban Ki-moon, sehr verehrter Präsident der Generalversammlung Vuk Jeremić, hochverehrter UN-Sonderbeauftragter für Bildung Gordon Brown, sehr verehrte Damen und Herren, liebe Brüder und Schwestern: A salam alaikum.
Es ist heute eine Ehre für mich, nach langer Zeit wieder das Wort zu ergreifen. Es ist ein großer Moment in meinem Leben, hier vor so ehrenwerten Leuten zu stehen. Und für mich ist es eine Ehre, heute einen Schal von Benazir Bhutto Shaheed zu tragen.
Ich weiß nicht, wo ich mit meiner Rede beginnen soll. Ich weiß nicht, welche Worte die Menschen von mir erwarten. Zuallererst aber einen Dank an Gott, vor dem wir alle gleich sind, und einen Dank an alle diejenigen, die für meine rasche Genesung und für ein neues Leben gebetet haben. Es ist unfassbar für mich, wie viel Liebe die Menschen mir entgegenbrachten. Ich habe Tausende Karten mit guten Wünschen und Geschenke aus aller Welt erhalten. Danke den Kindern, deren unschuldige Worte mich ermutigt haben. Danke meinen Angehörigen, deren Gebete mir Kraft gegeben haben.

Ich danke meinen Krankenschwestern, meinen Ärzten und dem Krankenhauspersonal in Pakistan und England sowie der Regierung der Vereinigten Arabischen Emirate, die mir geholfen hat, zu genesen und wieder zu Kräften zu kommen.

Ich unterstütze Generalsekretär Ban Ki-moon bei seiner Initiative für weltweite Bildung, die Arbeit des Sonderbeauftragten Gordon Brown sowie Vuk Jeremić, den verehrten Präsidenten der Generalversammlung. Ich danke ihnen allen für ihre unentwegte vorbildhafte Führung. Sie regen uns alle beständig zum Handeln an.

Liebe Brüder und Schwestern, lasst uns eins festhalten: Der Malala-Tag ist nicht mein Tag. Heute ist der Tag aller Frauen, aller Jungen und aller Mädchen, die ihre Stimme für ihre Rechte erhoben haben. Es gibt Hunderte von Menschenrechtsaktivisten und solchen, die sich auf sozialem Gebiet engagieren, die nicht nur mündlich für ihre Rechte eintreten, sondern für ihre Ziele kämpfen, für Frieden, Bildung und Gleichberechtigung. Tausende von Menschen wurden von den Terroristen ermordet, Millionen wurden verletzt. Ich bin nur eine von ihnen.

So stehe ich hier … so stehe ich hier, ein Mädchen unter vielen.

Ich spreche – nicht für mich, sondern um denjenigen, die keine Stimme haben, Gehör zu verschaffen. Denjenigen, die für ihre Rechte gekämpft haben.

Ihr Recht, in Frieden zu leben.
Ihr Recht, mit Würde behandelt zu werden.
Ihr Recht auf Chancengleichheit.
Ihr Recht auf Bildung.

Liebe Freunde, am 9. Oktober 2012 haben die Taliban mich in meine linke Stirnseite geschossen. Sie haben auch auf meine Freundinnen geschossen. Sie dachten, die Kugeln würden uns zum Schweigen bringen. Aber es ist ihnen nicht gelungen. Aus jenem Schweigen gingen Tausende von Stimmen hervor. Die Terroristen dachten, sie würden meine Bestrebungen ändern und meinen Absichten ein Ende machen, doch in meinem Leben hat sich nichts geändert, nur dies: Schwäche, Angst und Hoffnungslosigkeit sind gestorben. Stärke, Macht und Mut wurden geboren. Ich bin dieselbe Malala. Meine Absichten sind dieselben. Meine Hoffnungen sind dieselben. Meine Träume sind dieselben.

Liebe Schwestern und Brüder, ich bin gegen niemanden. Ich bin auch nicht hier, um aus persönlicher Rache die Stimme gegen die Taliban oder gegen irgendeine andere Terrorgruppe zu erheben. Ich bin hier, um für jedes Kind das Recht auf Bildung einzufordern. Ich möchte Bildung für die Söhne und Töchter der Taliban sowie aller Terroristen und Extremisten. Ich hasse auch den Taliban nicht, der auf mich geschossen hat.

Selbst wenn ich ein Gewehr in der Hand hätte und

er vor mir stünde: Ich würde nicht auf ihn schießen. Dies sind die Barmherzigkeit und das Mitgefühl, die ich von Mohammad, dem Propheten der Gnade, von Jesus Christus und von Buddha gelernt habe. Dies ist das Vermächtnis der Veränderung, das mir Martin Luther King, Nelson Mandela und Muhammad Ali Jinnah hinterlassen haben. Dies ist die Philosophie der Gewaltlosigkeit, die ich von Gandhi, Bacha Khan und Mutter Teresa gelernt habe. Und dies ist die Vergebung, die ich von meinem Vater und von meiner Mutter gelernt habe. Dies ist es, was meine Seele mir sagt: Sei friedvoll und liebe alle und jeden.

Liebe Schwestern und Brüder, wenn wir der Dunkelheit begegnen, erkennen wir die Bedeutung von Licht. Wir erkennen die Bedeutung unserer Stimme, wenn wir zum Schweigen gebracht werden. Und so haben wir im Swat im Norden Pakistans beim Anblick der Waffen die Bedeutung von Stiften und Büchern erkannt. Das Sprichwort „Der Stift ist mächtiger als das Schwert" hat recht. Die Extremisten hatten und haben Angst vor Büchern und Stiften. Sie fürchten sich vor der Macht der Bildung. Sie fürchten sich vor Frauen. Die Kraft weiblicher Stimmen macht ihnen Angst. Deshalb haben sie bei dem jüngsten Anschlag in Quetta 14 unschuldige Schülerinnen ermordet. Deshalb haben sie in Khyber Pakhtunkhwa Lehrerinnen und Frauen im Gesundheitsdienst ermordet, die sich gegen Kinderlähmung einsetzten. Deshalb sprengen sie Tag für Tag Schulen in die Luft. Weil sie Angst vor Veränderung hatten und haben, Angst vor der Gleichberechtigung, die wir in unsere Gesellschaft hineinbringen werden.

Ich erinnere mich an einen Jungen in unserer Schule, der von einem Journalisten gefragt wurde: „Weshalb sind die Taliban gegen Bildung?" Seine Antwort war ganz einfach. Er zeigte auf sein Buch und sagte: „Ein Taliban weiß nicht, was in diesem Buch geschrieben steht." Sie glauben, Gott sei ein winzig kleines konservatives Wesen, das Mädchen zur Hölle schickt, nur weil sie zur Schule gehen. Die Terroristen missbrauchen den Islam und die paschtunische Gesellschaft zu ihrem eigenen persönlichen Vorteil. Pakistan ist ein friedliebendes, demokratisches Land. Die Paschtunen wollen Bildung für ihre Söhne und Töchter. Und der Islam ist eine Religion des Friedens, der Menschlichkeit und der Brüderlichkeit. Der Islam spricht nicht nur vom Recht eines jeden Kindes auf Bildung, sondern sagt, dass Bildung seine Pflicht und seine Verantwortung ist.

Sehr verehrter Präsident der Generalversammlung, für Bildung ist Frieden unerlässlich. In vielen Teilen der Welt, vor allem in Pakistan und Afghanistan, halten Terrorismus, Kriege und Konflikte Kinder davon ab, zur Schule zu gehen. Wir alle sind diese Kriege leid.

In vielen Teilen der Welt leiden Frauen und Kinder auf vielerlei Weise. In Indien sind unschuldige und arme Kinder Opfer von Kinderarbeit. In Nigeria wurden viele

Schulen zerstört. In Afghanistan leiden die Menschen seit Jahrzehnten unter den Behinderungen durch den Extremismus. Mädchen werden ins Haus gesperrt, um zu arbeiten, und schon sehr jung zur Heirat gezwungen. Armut, Unwissenheit, Ungerechtigkeit, Rassismus und die Aberkennung der Grundrechte sind die größten Probleme, mit denen Männer sowie Frauen konfrontiert sind.

Liebe Weggefährten, heute richte ich mein Hauptaugenmerk auf die Rechte der Frauen und auf die Bildung von Mädchen, weil sie am meisten zu leiden haben. Es gab Zeiten, da baten sozialpolitische Aktivistinnen die Männer, sich für ihre Rechte starkzumachen. Diesmal jedoch stehen wir für uns selbst ein. Ich sage nicht, dass Männer davon Abstand nehmen sollen, sich für die Rechte der Frauen einzusetzen. Ich möchte mich vielmehr darauf konzentrieren, dass Frauen sich befreien und selbst für ihre Rechte kämpfen.

Es ist also an der Zeit, Schwestern und Brüder, die Stimme zu erheben. Und so richten wir heute unseren Appell an die Führer der Welt, ihre Strategien zugunsten von Frieden und Wohlstand in eine neue Richtung zu lenken.

Wir fordern die Führer der Welt dazu auf, mit sämtlichen Friedensabkommen die Rechte von Frauen und Kindern zu schützen. Ein Abkommen, das die Rechte der Frauen ignoriert, ist inakzeptabel.

Wir fordern sämtliche Regierungen dazu auf, die verpflichtende, kostenfreie Schulbildung für jedes Kind auf der ganzen Welt einzuführen.

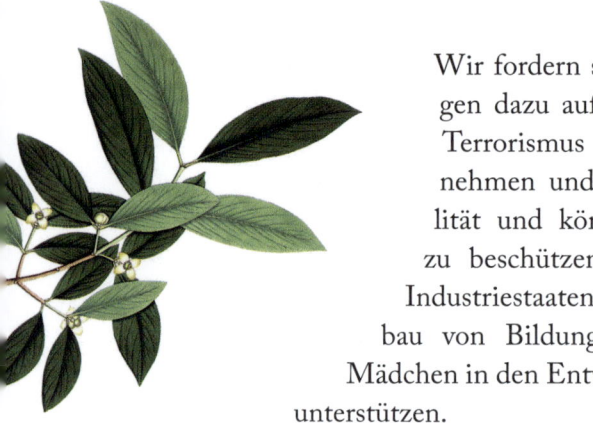

Wir fordern sämtliche Regierungen dazu auf, den Kampf gegen Terrorismus und Gewalt aufzunehmen und Kinder vor Brutalität und körperlichem Schaden zu beschützen. Wir fordern die Industriestaaten dazu auf, den Ausbau von Bildungsmöglichkeiten für Mädchen in den Entwicklungsländern zu unterstützen.

Wir fordern alle Gesellschaften zu Toleranz auf – und dazu, entschieden gegen Vorurteile vorzugehen, die auf gesellschaftlichem Stand, politischer Überzeugung, Konfession, Hautfarbe, Religion und Geschlecht beruhen. Dazu, Frauen die Freiheit und Gleichheit zu garantieren, die sie brauchen, um zu gedeihen. Wie können wir als Gesellschaft erfolgreich sein, wenn die Hälfte von uns unterdrückt wird? Wir fordern alle unsere Schwestern auf der ganzen Welt dazu auf, Mut zu haben – ihre innere Stärke zu erkennen und das ihnen innewohnende Potenzial voll auszuschöpfen.

Liebe Brüder und Schwestern, wir wollen Schulen und Bildung für eine leuchtende Zukunft aller Kinder. Wir werden unsere Reise hin zu Frieden und Bildung fortsetzen. Niemand kann uns aufhalten. Wir werden für unsere Rechte einstehen und unsere Stimme einsetzen, um Veränderung zu erzwingen. Wir glauben an die Macht und die Stärke unserer Worte. Unsere Worte können die Welt verändern – wenn wir alle zusammenstehen, vereint im

Kampf um Bildung. Lasst uns, um unser Ziel zu erreichen, zu den Waffen des Wissens greifen und uns schützen mit den Schilden von Geschlossenheit und Miteinander.

Liebe Brüder und Schwestern, wir dürfen nicht vergessen, dass Millionen von Menschen unter Armut, Ungerechtigkeit und Unwissenheit leiden. Wir dürfen nicht vergessen, dass Millionen von Kindern der Besuch einer Schule verwehrt bleibt. Wir dürfen nicht vergessen, dass unsere Schwestern und Brüder auf eine leuchtende, friedliche Zukunft warten. Und so lasst uns den globalen Kampf gegen Analphabetismus wagen, gegen Armut und Terrorismus. Lasst uns zu unseren Büchern und Stiften greifen. Das sind unsere mächtigsten Waffen.

Ein Kind, ein Lehrer, ein Buch und ein Stift können die Welt verändern.

Bildung ist die einzige Lösung. Bildung geht vor.

Ich danke Ihnen.

Maya Angelou

Dennoch erhebe ich mich

Ihr mögt mich niederschreiben, Geschichte
Mit bitteren Lügen zurechtzwirbeln,
Ihr mögt mich in den übelsten Dreck treten,
Ich werde, wie Staub, dennoch aufwirbeln.

Regt euch meine Frechheit auf?
Warum plagt euch düstres Brodeln?
Weil ich gehe, als hätt' ich Ölquellen
In meinem Wohnzimmer sprudeln.

Ganz wie Monde und wie Sonnen,
So verlässlich wie Gezeiten,
Ganz wie Hoffnung, hoch aufsprießend,
Werde ich immer noch steigen.

Wolltet ihr mich gebrochen sehen?
Mit hängendem Kopf, Augen niedergeschlagen?
Mit wie Tränen fallenden Schultern,
Schwach von schwermütigen Klagen.

Kränkt euch meine Arroganz?
Haltet ihr es nicht mehr aus,
Weil ich lach, als hätt' ich Goldminen
Gleich hinter meinem Haus?

Ihr mögt mich mit euren Worten erschießen,
Ihr mögt mich mit euren Blicken zerschneiden,
Ihr mögt mich töten mit eurem Hass,
Ich werde, wie Luft, dennoch aufsteigen.

Regt mein Sex-Appeal euch auf?
Macht es euch vor Schreck beklommen,
Dass ich tanze, als hätt' ich Diamanten
Dort, wo meine Schenkel zusammenkommen?

Aus den Hütten historischer Erniedrigtheit
Erhebe ich mich
Von einer Vergangenheit wurzelnd in Leid
Erhebe ich mich
Schwarzer Ozean, Springflut auf unermesslichem Raum,
Hervorquellend und anschwellend überdauere ich im Ge-
zeitenstrom.

Nächte aus Furcht und Schrecken hinter mir lassend
Erhebe ich mich
In einem Tagesanbruch, der wundersam klar ist,
Erhebe ich mich
Mit mir bringend, was meine Vorfahren gaben,
Bin ich der Traum und die Hoffnung der Sklaven.
Ich erhebe mich
Ich erhebe mich
Ich erhebe mich.

Mut

Du weißt nicht, wie oft du auf deinem Weg selbst gezaudert hast, und verlangst, dass alle die Überzeugung teilen, die du auf schweren Pfaden mühselig errungen. Du bist sicher, dass du nicht geirrt hast. Wer gab dir diese Gewissheit? Du hast nicht geirrt, wohlan, so werden deine Wahrheiten allen Menschen Wahrheiten werden, später, dann, wenn sie dich vergessen haben und deine Gegenwart sie nicht mehr zum Zorn reizt. Du weißt ebenso wenig, was die wirkliche Wahrheit ist, wie die andern. Du weißt nicht, warum du deine Überzeugung bis zum Tod verteidigen musst. Du weißt nicht, wozu du ein Werkzeug hast sein sollen, und hast nicht die Kraft zu sagen, dass es einerlei ist, ob du geopfert wirst, wenn nur die Sache, die du verteidigt hast, nach deinem Tod liegt. Du bist immer noch zu persönlich, und das hat dich furchtsam gemacht, Seele. Du hast nicht das Bewusstsein, dass du nur ein Teil von einem Ganzen bist und dass du an der Stelle, an der du stehst, stehen musst, vielleicht als Wogenbrecher, damit nicht noch größeres Unheil komme, aber Wogenbrecher zu sein, ist schon genug. Der kann nicht auch noch Reformator sein und Führer und Held, der Wogenbrecher ist. Bescheide dich mit deiner Laufbahn! Es hat schon manch einer verschmachten müssen, der gemeint hat, Armeen führen zu sollen.

Mut ist, immer wieder zu beginnen, sobald nur Atem in die Brust zurückgekehrt ist, auch wenn man dich hat zwingen wollen, abzuschwören und Pater Peccavi zu sagen, wenn du dich keiner Schuld anklagen kannst und gar keine Reue empfindest. Reue ist überhaupt nur ein Gefühl, das der Menschen halber entsteht, denn vor dir selber in deiner Einsamkeit, was solltest du da wohl bereuen? Robinson hatte nichts zu bereuen, da er keinen schädigen konnte. Du aber fürchtest, geschädigt zu haben, ganz in andrer Weise, als es die Menschen von dir behaupten. Du fürchtest, ins Unglück gestoßen zu haben, die deinem Schutz sich befohlen hatten. Und daher deine Reue.

Du hast keine einsame Insel im Ozean, daher deine Qual. Du möchtest sie finden, diese Insel, aber sie halten dich in Banden und lassen dich nicht fort. So finde sie doch in der eignen Brust, jene einsame Insel, wo es kein Weh mehr gibt und keine Reue und keine Schmach, wo du nur von Gottes himmlischer Luft umgeben bist. Finde sie, Seele, du hast ja Flügel bekommen, dein Kerker ist dein eigner Schädel, mach dich von deinem Schädel frei und begreife, dass der unendliche Raum dir gehört, dass man dich nicht fangen und nicht knechten kann, und dann wird dein Mut wachsen, wie Simsons Mut in der Kerkerzelle. Dann aber tritt heraus, nicht zur Rache, nicht zum Verderben, sondern mit dem breiten Flügelschlag höherer Geister, mit der errungenen Ruhe, mit dem Verzeihen, das aus weiten Fernen kommt und nicht mehr weiß, wer der Verfolger war. Nimm die Verfolgung als eine Tatsache auf, nicht als eine gewollte

Übeltat oder Schmach. Denke, dass sie nicht gewusst, was sie taten. Denke, dass sie dich schon vergessen, als du noch im Elend in Banden gelegen.

Mut, Seele! Mut ist verzeihen, Mut ist großmütig sein, und über seinen eignen Leiden stehen. Mut ist steigen, auch wenn das Steigen unmöglich scheint. Mut ist schweigen, da, wo die andern geredet. Mut ist, sich verleumden lassen ohne ein Wimpernzucken und darüber hinweggehen, als hätte man es gar nicht gehört. Die Menschen haben viel weniger Gewalt über dich, als sie es meinen, da sie über deine Gedanken keine Macht haben. Die sind dein und bleiben dein, was sie auch sagen und wie sehr sie auch schreien mögen. Im engsten Raume bist du dennoch ein Herrscher, Seele, denn du beherrschst deinen Willen und dein Denken.

Das ist genug.

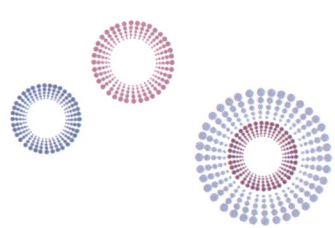

Eintagesflug:
Deutschland – Asien – Deutschland

Und wieder zog dieser Amerikaflug den nächsten nach sich. Oft wurde ich gefragt, warum ich mich nicht mal mit dem Erfliegen von Rekorden beschäftigte. Einige seien doch verhältnismäßig einfach zu erobern. Meine Antwort aus tiefster Überzeugung war dann immer ungefähr so:

„Rekorde müssen sein wegen der ganzen Weiterentwicklung, zur Anregung für die Industrie und für die Verkehrsfliegerei die Reklametrommel zu rühren. Aber mich interessiert das nicht. Ich möchte die Wunder der Welt erleben."

Und so flog ich denn nach manchen weisen Reden dieser Art eines Tages mit Windeseile von Deutschland nach Asien und am selben Tag wieder zurück nach Berlin.

Die Vorgeschichte zu diesem Eintagesausflug nach Asien sah ungefähr so aus:

Tief beeindruckt war ich aus den USA zurückgekommen. Das war eine Flugzeugindustrie! Armselig mutete dagegen bei uns das Gewurstel mit lächerlichen Mitteln und winzigen Serien an.

In Amerika hatte ich all die großen Flugzeugwerke besichtigen dürfen und manches Mal war ich traurig, wie sehr wir nach dem Ersten Weltkrieg mit allem noch im Hintertreffen waren.

Besonders auf meinem Spezialgebiet, dem der gut ausgerüsteten Reiseflugzeuge. In den USA hatte ich bereits Reiseli-

59

mousinen mit einer Durchschnittsgeschwindigkeit von über 250 Kilometern geflogen.

Eingerichtet waren die Kabinen mit einem solchen Komfort und Luxus, dass sie mit jedem eleganten Auto wetteifern konnten. Ja, mit solchen Maschinen war man in der Lage, draußen zu werben, der Industrie Aufträge zu vermitteln – eben die Dinge, um die ich mich jahrelang bemüht hatte, aber mit welch dürftigem Erfolg! Ich hatte es den Interessenten draußen nicht einmal verdenken können, dass sie mit Bestellungen zögerten, wenn sie mein wetterzerrupftes Maschinchen am Ende eines Fluges mitleidig-anerkennend besichtigten.

Meist hatte sich die Sperrholzbeplankung durch Sonne und Feuchtigkeit und das ewige Im-Freien-Stehen heftig geworfen. Von Herzen hatte ich unseren deutschen Konstrukteuren, die doch so viel – anerkannt von der ganzen Welt - konnten, gewünscht, einmal mit den Mitteln und dem Serienbau wie drüben arbeiten zu können.

Nachdem ich zurück war, sprach ich oft mit Leuten „vom Fach" über diese Eindrücke. Aber die waren gar nicht einverstanden mit meiner begeisterten Anerkennung der amerikanischen Reisemaschinen.

„Warten Sie, bis Sie die neue 'Messerschmitt' gesehen haben – dann sprechen wir noch einmal darüber, schade, dass sie den Europa-Rundflug nicht gewonnen hat!"

So ähnlich waren alle Antworten von Kennern der Materie – kein Wunder, dass ich täglich gespannter wurde, dieses Wundertier der Lüfte endlich aus der Nähe zu sehen. Es ließ mir keine Ruhe, ich flog nach Augsburg.

Ganz hinten in einer dunklen Hallenecke der Bayrischen Flugzeugwerke stand sie, verstaubt und vergessen, die viel besprochene „Me-io8".

Es war Liebe auf den ersten Blick zwischen ihr und mir. Und diese Liebe hat gehalten, bis meine letzte „Me" – inzwischen hatte ich die siebente oder achte, jeweils das neueste Modell – in den Krieg ziehen musste.

Ich machte auf der „Messerschmitt" ein paar Platzrunden und meine Liebe vertiefte sich. Was hatten die Piloten nur über diese großartige Maschine gemeckert?!

Allerdings hatte man sie für den Europaflug mit besonderen Querrudern ausgestattet, die nicht jedermanns Sache waren. Aber trotzdem – jeder Flieger musste doch merken, was für ein rassiges Flugzeug er hier in der Hand hatte.

Ohne auch nur einen Moment zu überlegen, ging ich zur Direktion und bat, mir die „Me-io8" für eine Weile zu borgen.

Ich bekam sie.

Da ich sowieso in England einiges zu erledigen hatte, flog ich mit Hans-Rudolf Praesent, einem inzwischen in einer Lawine tödlich verunglückten Fliegerkameraden, nach London. Über dem Kanal hatten wir beinahe einen Vergaserbrand – aber wir begeisterten uns immer mehr für die „Messerschmitt" und mein Respekt vor den amerikanischen Reisemaschinen nahm langsam wieder normale Formen an.

Ich kam von diesem Fluge zurück mit der Oberzeugung, dass es ein Verbrechen sei, wenn man mit diesem Flugzeug nicht in kürzester Zeit, in diesem Sommer noch, eine ganz aufregende Sache unternehmen würde – das kleine Biest von „Me" forderte unbedingt dazu heraus! Aber was?

Wesentlich war, dass die Maschine mit ihren 300 Kilometern Höchstgeschwindigkeit seinerzeit eine der schnellsten ihrer Klasse auf der ganzen Welt war.

Durch ihre hochwertigen aerodynamischen Eigenschaften war sie imstande, unglaubliche Mengen von Benzin mitzuschleppen, ohne in ihren Start- und Landeeigenschaften nachzulassen.

Bei der Normalausführung hatte die „Me-io8" eine viersitzige Kabine mit eleganten klubsesselartigen Sitzgelegenheiten – so wie man sich die fliegende Limousine des Herrn Generaldirektors vorstellt.

Ganz besonders gefiel mir das einziehbare Fahrgestell. Ohne Beine sah die Maschine in der Luft mächtig elegant aus und außerdem steigerte sich ihre Geschwindigkeit im beinlosen Zustand erheblich. Der Acht-Zylinder-Hirth-Motor HM 8 musste nach meinen bisherigen Erfahrungen mit Hirth-Motoren eine sichere Garantie für das Aushalten einer starken Belastungsprobe sein.

Als ich wieder in Deutschland landete, war mein Plan fertig. Einen Tag lang hatte ich über meinem Riesenatlas herumgeknobelt, welche größte Strecke ich in einem Tag mit Sicherheit – soweit es die in der Sportfliegerei gibt – würde schaffen können.

Ich dachte mir das Ganze mehr als eine Propaganda für die Maschine, die damals völlig unbekannt war – allerdings mit dem Gedanken im Hintergrund, den Erfolg dann auf meinen weiteren Flügen möglichst wirtschaftlich auszunutzen, durch Vorführung der „Me-io8", aber das war doch kein Name für ein Flugzeug, das ein Weltschlager werden sollte! Nach einigem Überlegen nannte ich meine „Me" Taifun. Das war ein Name, unter dem man sich auch in Englisch und Französisch sprechenden Ländern etwas vorstellen konnte, etwas, das mit Tempo und Gebrause zusammenhing. Später wurde dieser Name für den ganzen Typ übernommen.

Als mein Plan ausgebrütet war, flog ich nach Augsburg und entwickelte auf einer Vorstandsbesprechung meine Idee, in einem Tag nach Asien und wieder zurück nach Deutschland zu fliegen.

Das Echo war gar nicht so begeistert, wie ich es mir vorgestellt hatte. Im Gegenteil, die BFM-Männer sahen mich mitleidig an, als wenn sie nur mit Mühe ihre Ansicht hinunterschluckten: Das arme Mädchen hat durch die vielen Flüge wohl etwas zu viel Sonne auf den Kopf gekriegt!

Doch ich ließ nicht locker.

Nach Stunden hatte ich den Vorstand überzeugt. Ich bekam die Zusage, die Maschine in kürzester Zeit mit Supertanks auszurüsten, den Motor zu überholen und alles

zu tun, was für die Durchführung dieses Fluges nötig war.
„Ja, und Sie wollen doch nicht etwa wieder allein …"
Jawohl, genau das wollte ich – natürlich allein!

Ursprünglich hatte ich von Berlin nach Asien und wieder
nach Berlin zurückfliegen wollen. Da aber meine Maschine frühestens im August fertig wurde, waren bis dahin die
längsten Tage vorüber. So entschloss ich mich nach lan-
gem Hin-und-her-Überlegen, von Gleiwitz, der Stadt in
Deutschland, die in Richtung Asien am günstigsten gelegen war, hinunterzufliegen bis an die asiatische Seite des
Bosporus. Wenn alles klappte, müsste ich sogar noch eine
gewisse Brennstoffreserve für Schlechtwetter übrig haben.
Ich hatte für den Flug den 13. August ausgewählt, weil ich
nun mal eine Vorliebe für die Zahl 13 habe.

Am 12. August landete ich in Gleiwitz und schon im Laufe
des Nachmittags wurden alle Zoll- und sonstigen Formali-
täten für den Start in der Nacht erledigt. Die Hirth-Leute
sahen sich meinen Motor noch einmal von allen Seiten an.
Die BFM-Männer beguckten sich die Zelle von innen und
außen. Der Shell-Mann rollte Riesenbenzinfässer herbei,
deren Inhalt nacheinander in den schier unergründlichen
Tanks verschwand.

Um sechs Uhr nachmittags stand die „Taifun" fix und fertig und bekam von mir noch einen Kuss auf die Blech-
schnauze. Dann zog ich mich bei einer Affenhitze in mein
Hotel zurück, wo ich mich bis ein Uhr früh hinlegte, um
dann munter und ausgeschlafen aufzuwachen.

Trotz der stockfinsteren Nacht – der Mond war
schon um zwei Uhr untergegangen – hatten sich

eine ganze Menge Reporter auf dem Flugplatz eingefunden, die mich, wohl wegen der recht unbequemen Startzeit, etwas säuerlich begrüßten.

Während draußen der Motor zum letzten Mal abgebremst wurde, verschwand ich noch einmal schnell im Flughafengebäude und war durch irgendeinen Zufall plötzlich – eingeschlossen. Ich brüllte, was ich konnte, aber das kümmerte keinen der Menschen, die nichts hörten, da draußen, hundert Meter weiter, wo mein laufender Motor erheblichen Krach machte. Schließlich fand ich eine offene Bürotür und kam so an ein Fenster, durch das ich hinaushüpfen konnte. Zehn Minuten später war ich in der Luft.

Drei Uhr vierzig war es auf meiner Borduhr.

Im Osten zeigte sich der erste Schimmer des heraufziehenden Morgens.

Zunächst einmal rekelte ich mich zwischen meinen beiden Luftkissen zurecht und knipste an meinem Instrumentenbrett das Licht an, um zu sehen, ob auch alles in Ordnung war. Schon kurz nach dem Start flog ich über dichtem Bodennebel, aus dem nur die großen Gipfel der Hohen Tatra herausragten. Bis an die ungarische Puszta war alles unter mir „zu".

Als der Bodennebel sich schließlich mit der zunehmenden Helligkeit verzog, wollte ich gern wissen, wo ich mich nun eigentlich befand.

Da meine „Taifun" nicht mit Funk ausgerüstet war, konnte ich mich nur nach Flugzeit, Kompass und Karte orientieren. Der Bahnhof des nächsten Ortes lag sehr versteckt. Doch da kam mir eine gute Eigenschaft meiner Maschine zu

Hilfe. Ich stellte einfach die Landeklappen heraus. Dadurch konnte ich in kurzer Zeit von 250 Kilometer Reisegeschwindigkeit auf nur 100 Kilometer zurückgehen – was mir die Feststellung erleichterte, dass ich mich über Hadju-Nánás auf genauem Kurs befand.

Danach zog ich die Landeklappen wieder ein und flog mit voller Geschwindigkeit weiter – eine herrliche Neuerung! Eine Weile war nichts Besonderes los, bis ich über den Transsylvanischen Alpen an eine Gewitterfront kam, die mir bei dem Gedanken an meinen Rückflug nachmittags nicht besonders gefiel – doch bis dahin konnte sich ja noch allerlei ändern.

Durch die hohe Geschwindigkeit der Maschine musste ich meine Karte fortwährend anders falten und hatte früh um sechs Uhr schon das fünfte Land überflogen.

Inzwischen war das Wetter wunderschön geworden. Über mir leuchtete ein wolkenlos blauer Himmel und in der Ferne sah ich wie einen feinen Pinselstrich das Marmarameer liegen.

Da es im Augenblick keine Schwierigkeiten gab, bemerkte ich zum ersten Male, dass dieses ewige Auf-einem-Fleck-Sitzen recht mühsam ist. Wütend zerrte ich mein Luftkissen, auf dem ich saß, von einer Stelle auf die andere.

Gegessen habe ich auf dem ganzen Hinflug nur eine Scheibe Brot und einige Weintrauben. Da ich gar keinen Durst hatte, brauchte ich auch nichts zu trinken, was später für die Landung bei großer Hitze nur gut war.

Bald war ich über Istanbul. Dessen Flugplatz Jeshilkoy ließ

ich unter mir liegen und flog gleich weiter auf die asiatische

Seite des Bosporus an den großen, nicht zu verfehlenden Bahnhof Haidar Pascha, südlich von Instanbul. Natürlich wäre es noch eindrucksvoller gewesen, wenn ich in Asien gelandet wäre. Aber hier gab es auf mehrere Hundert Kilometer keinen Flugplatz, darum musste eine Beurkundung meines Überfliegens genügen, die ein türkischer Major mit einigen Helfern vornahm. Hier, von Haidar Pascha, wurde die erste Meldung über meinen Flug nach Deutschland durchgegeben. 9.20 Uhr, also 5 Stunden und 40 Minuten hatte ich in einer kleinen Sportmaschine von Deutschland bis Asien gebraucht – es kam mir doch recht merkwürdig vor, wenn ich meine ersten Erfahrungen aus dem Jahre 1928 zum Vergleich heranzog.

9.34 Uhr landete ich in Jeshilkoy – nun schon wieder auf dem Rückflug!

Eine riesige Menschenmenge hatte sich zum Empfang eingefunden mit Blumen, Schokolade und Mengen von Fresskoffern, selbst mit Seife und einem Handtuch, ja sogar mit einem Badeanzug für ein schnelles Bad im Marmarameer.

Der kurze Empfang auf dem Flugplatz war hervorragend organisiert. Da waren unter vielen anderen der Geschäftsträger der deutschen Botschaft in Ankara, der deutsche Generalkonsul von Istanbul und die gesamte deutsche Kolonie. Alle strahlten vor Begeisterung, und den Türken machte es offensichtlich Freude, dass ich gerade ihr Land für diesen Fernflug gewählt hatte. Ihr Vorschlag, meine Maschine doch gleich dazulassen und ihnen zu verkaufen, kam mir aber im Augenblick nicht besonders gelegen.

Im nahe gelegenen Hotel war ein Frühstück vorgesehen, aber mitten auf dem reparaturbedürftigen Wege dorthin kehrte ich plötzlich zum Entsetzen meiner Gastgeber um. Der Gedanke an meinen langen Rückflug machte mich nicht besonders sitz- und frühstücksfreudig.

Ich bat herzlich, doch gemeinsam ohne mich die Mahlzeit nach meinem Start einzunehmen – es sei noch ein recht langer Weg für mich.

Mir wurde verziehen.

Ja, und das „Händewaschen" muss ich auch noch erzählen. So etwas interessiert die Nichtflieger immer sehr.

Man fragte mich, „ob ich gern wollte". Das war auch in der Organisation vorgesehen.

Jawohl, ich wollte sehr gern.

Im Triumph wurde ich von vielleicht hundert begeisterten Menschen, die mich nicht einen Schritt allein gehen ließen, vor eine kleine Tür geführt, in die ich dann allerdings allein hineingehen durfte. Dafür konnte ich aber fast nicht wieder heraus, weil sich alle davor postiert hatten, um mich einmal ganz genau anzusehen.

10.47 Uhr, nach einer guten Stunde Aufenthalt in Jeshilkoy, war ich wieder in der Luft und mir sehr darüber im Klaren, dass jetzt der in jeder Weise schwierigere Teil des Fluges vor mir lag.

Die nun noch zu fliegende Strecke war 450 Kilometer länger als der Hinflug. Nachdem ich morgens um ein Uhr aufgestanden war, musste ich damit rechnen, dass ich nicht mehr ganz so frisch war wie in der Frühe. Bald nach meinem Start hatte ich einen toten Punkt. Das Wetter war schön, das Land unter mir flach und es gab keine besonderen Schwierigkeiten, dadurch kam wohl diese leichte Abspannung.

So trank ich meine Thermosflasche mit Kaffee aus, aß etwas Obst und Kuchen und war bald wieder munter.

Das kann man in einer modernen Sportmaschine natürlich alles machen. Es ist, wenn man bei gutem Wetter erst einmal in der Luft ist, ja nicht wie beim Autofahren, wo man jede Sekunde mit einem neuen Hindernis rechnen muss. Auf dem Hinflug hatte ich schon ein halbes Magazin ausgelesen. Manchen Brief habe ich unterwegs auf meinen Langstreckenflügen zwischen den Wolken geschrieben.

Über den Transsylvanischen Alpen war es nun besser als auf dem Hinflug.

Die Gewitter waren abgezogen. Ich hatte, in 3000 Meter Höhe fliegend, keine Schwierigkeiten.

Dagegen waren über der Hohen Tatra, die sich auf dem Hinflug so gut aufgeführt hatte, jetzt viele große, dicke Wolken, die so hoch hinaufreichten, dass ich vorübergehend sogar blind fliegen musste.

Vor einiger Zeit hatte ich einen Blindflugkurs bei einem Kapitän der Lufthansa mitgemacht – gottlob! Denn ich hatte schon einige scheußliche Situationen hinter mir, an die ich nicht gern zurückdachte.

Jetzt näherte ich mich der deutschen Grenze mit dem Gefühl, nun könne eigentlich nichts mehr passieren!

Zuerst ging auch alles gut.

Gleiwitz überflog ich wie verabredet und von dort gab man mit dem Fernschreiber sofort mein Passieren nach Berlin weiter. Zu der Zeit hatte ich noch 200 Liter Brennstoff, hätte also noch ungefähr 1000 Kilometer weiter fliegen können.

Kurz vor Berlin, über dem Spreewald, als ich mich schon wieder völlig zu Hause fühlte, schickte mir der Wettergott noch schnell eine Schlechtwetterfront vor die Nase, die es in sich hatte. Die Wolken hingen bis auf den Boden herunter und um ein Haar wäre ich in die Funktürme von Königswusterhausen hineingeflogen. Außerdem regnete es stark, sodass man keine hundert Meter weit sehen konnte, was bei meiner Geschwindigkeit ohne Funk reichlich unheimlich war.

Sehr stolz war ich Jahre später, als mir ein Lufthansa-Kapitän anvertraute, er sei an diesem Tage zur gleichen Zeit auf derselben Strecke nicht durchgekommen, was ihm von seinen lieben Kollegen allerlei Spott mit dem Hinweis auf meine Landung eingetragen habe.

18.08 Uhr setzte meine Maschine nach einer Strecke von 3470 Kilometern in Tempelhof auf.

Ich verschwand in unzähligen geöffneten Armen und unter Bergen von Blumensträußen. Während der Fotografier-Kanonade entdeckte ich viele Freunde und Bekannte und überlegte, woher die wohl so schnell von meinem Non-

Stop-Flug in einem Tage Deutschland-Asien-Deutschland erfahren haben konnten? Ich hatte mich doch so bemüht, alles ganz geheim zu halten.

Neben all den offiziellen Männern freute ich mich besonders, meine Fliegerkameraden Udet, Hertha von Gronau, Luise Hoffmann und Wolfgang von Gronau zu sehen.

„Das hast du ja ganz nett gemacht", beglückwünschte mich Ernst Udet – ich war sehr stolz über diese Anerkennung.

Nach einer Weile des Handeschüttelns und Fotografierens verschwand ich unauffällig hinter der Menschenwand und lief schnell zu der Halle, in der man meine „Taifun" untergestellt hatte. Sie stand brav und gelangweilt da, als wenn überhaupt nichts gewesen wäre.

Leise und voll Dankbarkeit fuhr ich ihr mit der Hand über die Motorhaube. „Nicht wahr, du – es war doch ein wunderbarer Tag, unser 13. August?!"

Dieser Flug hatte ein erstaunliches Echo in der ganzen Welt.

Jedenfalls, die bis zum 12. August außerhalb von Deutschland unbekannte „Me-io8" war als die „Messerschmitt Taifun" von einem Tag auf den andern für die Fliegerei in einigen Erdteilen ein Begriff geworden.

Wenn man mit **Flügeln** geboren wird,

... sollte man alles dazu tun,

sie zum **Fliegen** zu benutzen.

Florence Nightingale

Memoiren

Immer bereit, mich zurückzuziehen, wenn meine Sicherheit mir bedroht vorkam, verweilte ich gern bei Problemen, hinter denen ich keine Gefahr vermutete. Das der Geburt zum Beispiel machte mir wenig zu schaffen. Man hatte mir zunächst erzählt, die Eltern kauften sich ihre Kinder; nun, diese Welt war so groß und mit so viel unbekannten Wunderdingen angefüllt, dass es ja sehr wohl auch irgendwo ein Babydepot geben mochte. Allmählich verblasste dieses Bild, und ich begnügte mich mit einer etwas vageren Lösung: „Gott erschafft die Kinder." Er hatte ja auch die Erde aus dem Chaos erschaffen und Adam aus einem Erdenkloß geformt. Es wäre also gar nichts so Außergewöhnliches, wenn er in einem Babykörbchen einen Säugling entstehen ließ. Dieses Zurückgreifen auf Gottes Willen lullte meine Neugier ein; was die Sache im Ganzen betraf, fand sie sich damit erklärt. Hinsichtlich der Einzelheiten sagte ich mir, dass ich sie sicherlich nach und nach herausbekommen würde. Was mich eher beschäftigte, war das Bestreben meiner Eltern, gewisse Gespräche, die sie führten, vor mir geheim zu halten. Kam ich durch Zufall einmal dazu, so senkten sie die Stimmen oder verfielen in Schweigen. Es gab also Dinge, die ich zwar hätte verstehen können, aber nicht wissen sollte? Was für Dinge waren das denn? Weshalb verbarg man sie vor mir? Mama verbot Louise, mir eine der Geschichten von Madame de Sigur vorzulesen: Ich könne davon Angstzustände bekommen. Was geschah mit dem Burschen, der mit Tierfell bekleidet auf den Bildern zu sehen war? Vergebens fragte ich sie danach. ‚Ourson' wurde damit für mich zum Urbild alles Geheimnisvollen.

Die großen Mysterien der Religion waren zu fern und zu schwer begreifbar, um mir zu schaffen zu machen. Nachdenklich stimmte mich hingegen das Mirakel der Christnacht, das mir weitaus vertrauter war. Es kam mir unangemessen vor, dass das allmächtige Jesuskind Vergnügen daran fand, im Schornstein herunterzurutschen wie ein Kaminkehrerbube. Ich bewegte die Frage lang in meinen Gedanken und eröffnete mich schließlich meinen Eltern darüber, die denn auch Farbe bekannten. Was mich in Erstaunen setzte, war dabei jedoch, dass ich so fest an eine Sache hatte glauben können, die überhaupt nicht auf Wahrheit beruhte, das heißt, dass es falsche Gewissheiten gab. Ich zog jedoch damals noch keine praktischen Folgerungen daraus. Ich sagte mir nicht, dass meine Eltern, da sie mich hierin getäuscht hatten, mich möglicherweise auch weiterhin täuschen würden. Sicherlich würde ich ihnen eine Lüge, die mich im Innersten getroffen oder verwundet hätte, nicht leicht verziehen haben; ich hätte mich dagegen empört und wäre misstrauisch geworden. So fühlte ich mich jedoch ebenso wenig verletzt wie ein Zuschauer, dem ein Taschenspieler einen seiner Tricks aufdeckt; da ich seinerzeit mit dem größten Entzücken neben meinem Schuh die auf ihrem Koffer sitzende Puppe Blondine entdeckt hatte, war ich im Grunde also meinen Eltern fast dankbar für ihre Hinterlist. Vielleicht hätte ich ihnen eher gegrollt, wenn ich nicht nunmehr aus ihrem eigenen Munde die Wahrheit vernommen hätte. Indem sie selber zugaben, sie hätten mich getäuscht, gewannen sie mich aufs Neue durch ihre Offenheit. Sie sprachen eben heute zu mir wie zu einer Erwachsenen. Stolz auf meine neue Würde, fand ich mich leichthin damit ab, dass man das kleine Ding genarrt hatte, das ich nun nicht mehr war. Es erschien mir ganz normal, dass man meiner kleinen Schwester auch weiterhin Dinge vorgaukelte. Ich selbst war zu den Großen hinübergewechselt und nahm damit an, dass mir künftighin stets die Wahrheit offenbart werden würde. Meine Eltern gingen freundlich auf alle meine Fragen ein; meine Unwissenheit verflüchtigte sich in dem Augenblick, da ich ihr Ausdruck gab. Dennoch gab es einen Mangel, dessen ich mir bewusst war: Unter den Augen der Erwachsenen verwandelten sich die in den Büchern aufgereihten schwarzen Flecke in Wörter; ich betrachtete sie: Sie waren auch mir zwar sichtbar, doch konnte ich sie nicht deuten. Schon frühzeitig hatte man mir Buchstaben zum Spielen gegeben. Mit drei Jahren schon erklärte ich, das O heiße O; das S war für mich ein S, wie ein Tisch ein Tisch war; ich kannte nahezu das gesamte Alphabet, aber die bedruckten Seiten blieben für mich auch weiterhin stumm. Eines Tages jedoch sprang in meinem Kopf der Funke über. Mama hatte auf dem Esszimmertisch die Regimbeaufibel aufgeschlagen; ich betrachtete das Bild einer Kuh, der ‚vache‘, und die beiden Buchstaben c und h, die wie sch ausgesprochen wurden. Mit einem Male wurde mir klar, dass diese Zeichen nicht einen Namen trugen wie ein Gegenstand, sondern dass sie vielmehr einen Laut vorstellen. Ich begriff, was ein Schriftzeichen ist. Mit dem Lesenlernen ging es von da an schnell. Freilich blieb mein Denken noch einmal auf halbem Wege stehen. Ich sah in dem grafischen Bild die exakte Entsprechung des Lautes, der damit gemeint war; beide waren für mich ein Ausfluss der Sache, die sie ausdrücken sollten, sodass ihre Wechselbeziehung nicht willkürlich aufzulösen war. Die Erkenntnis des Zeichens schloss noch nicht unbedingt die einer bloßen Übereinkunft ein. Daher widersetzte ich mich mit aller Heftigkeit, als Großmama mich die Noten lehren wollte. Mit einer Stricknadel wies sie auf die runden Köpfe auf dem Liniensystem; diese Linie entsprach, so erklärte sie mir, einer bestimmten Taste auf dem Klavier. Warum? Wieso? Ich fand nichts Gemeinsames zwischen dem Notenpapier und dem Instrument. Wenn man mir ungerechtfertigten Zwang auferlegen wollte, empörte ich mich dagegen; ebenso lehnte ich Wahrheiten ab, die kein Absolutes darstellten. Ich wollte mich nur der Notwendigkeit fügen; menschliche Entscheidungen gingen mehr oder weniger aus bloßer Laune hervor, sie hatten nicht genügend Gewicht, um für mich zwingend zu werden. Tagelang beharrte ich bei meinem Eigensinn. Schließlich aber gab ich nach. Eines Tages kannte ich die Tonleiter, aber ich hatte den Eindruck, die Regeln eines Spiels erlernt, nicht aber eine wirkliche Kenntnis erworben zu haben. Hingegen kam ich mühelos mit der Arithmetik zurecht, denn ich glaubte an die Wirklichkeit der Zahlen.

Im Oktober 1913 – ich war damals fünfeinhalb Jahre alt – wurde beschlossen, mich in eine Privatschule mit dem verlockenden Namen ‚Cours Désir‘ zu schicken. Die Leiterin der Unterstufe, Mademoiselle Fayet, empfing mich in einem feierlichen, mit schweren Portieren verhangenen Arbeitszimmer. Während sie mit Mama sprach, strich sie mir liebevoll über das Haar. „Wir sind keine Lehrerinnen", erklärte sie, „sondern Erzieherinnen." Sie trug einen hohen Spitzenkragen, einen langen Rock und kam mir etwas zu salbungsvoll vor: Mir war immer alles das lieber, wovon ein gewisser Widerstand ausging. Am Tage vor meinem ersten Unterricht hüpfte ich gleichwohl vor Vergnügen auf dem Vorplatz umher: „Morgen gehe ich zur Schule!" – „Du wirst das nicht immer so lustig finden", sagte Louise zu mir. Diesmal irrte sie sich, dessen war ich gewiss. Der Gedanke, von nun an ein Leben für mich allein zu haben, berauschte mich. Bis dahin hatte ich nur gleichsam nebenher mit Erwachsenen gelebt; von nun an aber würde ich meine Schultasche, meine Bücher und Hefte, meine Aufgaben haben; meine Wochen und Tage würden nach meinem eigenen Stundenplan ihre Einteilung erhalten; ich meinte eine Zukunft vor mir zu sehen, die, anstatt mich von mir selbst zu entfernen, einen festen Platz in meinem Gedächtnis einnehmen würde: Von Jahr zu Jahr würde ich immer reicher werden, aber dem kleinen Schulmädchen, dessen Geburtsstunde in diesem Augenblick schlug, dennoch die Treue bewahren.

Ich wurde nicht enttäuscht. An jedem Mittwoch und Samstag nahm ich eine Stunde lang an einer geheiligten Zeremonie teil, deren Pomp auf meine ganze Woche einen verklärenden Schimmer warf. Die Schülerinnen setzten sich ringsum an einen ovalen Tisch; von einer Art von Katheder aus führte Mademoiselle Fayet den Vorsitz; während oben aus ihrem Rahmen Adeline Désir, eine Bucklige, deren Seligsprechung man höheren Ortes zu erreichen trachtete, wachsam auf uns herniedersah. Auf schwarzen Moleskinsofas saßen, mit Stricken und Sticken beschäftigt, unsere Mütter aufgereiht. Je nachdem, ob wir mehr oder weniger artig gewesen waren, diktierten sie uns Betragensnoten zu, die wir am Ende des Unterrichts mit lauter Stimme als unangemessen zu bezeichnen pflegten. Mademoiselle Fayet trug sie in ihr Register ein. Mama erkannte mir eine Zehn nach der anderen zu: Eine Neun wäre uns beiden gegen die Ehre gewesen. Mademoiselle teilte uns ‚Satisfecits‘ aus, die wir jedes Trimester gegen Bücher mit Goldschnitt eintauschen durften. Dann stellte sie sich in den Türrahmen, spendete uns einen Kuss auf die Stirn und gute Ratschläge für das Herz. Ich konnte jetzt lesen, schreiben und ein wenig rechnen. Ich war die Glanznummer von Kursus ‚Null‘. Als Weihnachten näher rückte, erhielt ich ein weißes Kleid mit einer goldenen Borte daran und stellte das Jesuskind dar. Die anderen kleinen Mädchen knieten vor mir nieder.

Mama wachte über meine schriftlichen Hausarbeiten und hörte mir meine Lektionen ab. Ich hatte Freude am Lernen. Die biblische Geschichte kam mir noch unterhaltsamer vor als die Kindermärchen, da die Wunder, die sie berichtete, wirklich geschehen waren. Ich war auch von den Tafeln im Atlas entzückt. Die Einsamkeit der Inseln, die Kühnheit der Kaps, die Zerbrechlichkeit der Landzungen, die die Halbinseln mit dein Festland verbinden, machten tiefen Eindruck auf mich; eine gleiche geografisch bedingte Ekstase habe ich noch einmal erlebt, als ich vom Flugzeug aus Korsika und

Sardinien sich in die Bläue des Meeres einzeichnen oder in Calchis, von einer wirklichen Sonne bestrahlt, die vollkommene Idee eines zwischen zwei Meeren eingeengten Isthmus verwirklicht vor mir sah. Strenge Formen, fest in den Marmor der Geschichte eingemeißelte Episoden machten die Welt für mich zu einem Bilderbuch mit leuchtenden Farben, in dem ich mit Wonne blätterte.

Wenn ich so großes Vergnügen am Lernen fand, so kam es auch daher, dass mein Alltagsleben mich nicht mehr befriedigte. Ich wohnte in Paris in einer ganz von Menschenhand geschaffenen Dekoration: Sie bestand aus Straßen, Häusern, Trambahnen, Laternenpfählen und anderen der Nützlichkeit dienenden Gegenständen. Auf die Plattheit bloßer Begriffe zurückgeführt, entsprachen die Dinge einzig ihrer Funktion. Der Garten des Luxembourg mit den Gebüschgruppen, die man nicht berühren durfte, den Rasenflächen, deren Betreten verboten war, stellte für mich nichts weiter als einen Spielplatz dar. Hier und da freilich ahnte man durch einen Spalt, der sich auftat, hinter der bemalten Leinwand etwaige verborgene Tiefen. Die Schächte der Metro flohen ins Unendliche und schienen bis ins heimliche Herz der Erde vorzustoßen. Am Boulevard Montparnasse befand sich an der Stelle des heutigen Cafés ‚La Coupole‘ die Kohlenniederlage ‚Juglar‘, aus der Männer mit geschwärzten Gesichtern und Jutesäcken auf dem Kopf zum Vorschein kamen: Unter den Haufen von Koks und Anthrazit herrschte ebenso wie im Ruß der Kamine auch bei hellem Tageslicht jene Finsternis, die einst Gott vom Licht geschieden hatte. Doch war sie durchaus meinem Zugriff entzogen. In dem umhegten Dasein, in das ich eingeschlossen war, gab es nicht vieles, was mich erstaunte, denn ich wusste noch nichts davon, wo die Macht des Menschen beginnt, noch wo sie ein Ende hat. Flugzeuge, lenkbare Luftschiffe, die zuweilen am Pariser Himmel erschienen, erregten weit mehr die Bewunderung der Erwachsenen als die meinige. Was Zerstreuungen anbelangt, so wurden mir solche kaum je geboten. Meine Eltern nahmen mich zum Einzug des englischen Königspaares mit an die Champs-Élysées; ich war manchmal Zeuge von Fastnachtsumzügen und sah den Trauerzug von Galliéni mit an. Ich nahm an Prozessionen teil und kniete vor Ruhealtären. Fast niemals wurde ich in den Zirkus geführt, selten zum Puppentheater. Ein paar Spielsachen, die ich besaß, amüsierten mich zwar, aber nur eine kleine Zahl nahm mich wirklich gefangen. Gern heftete ich meine Augen auf das Stereoskop, das zwei fotografische Platten zu einer räumlichen Szene umschuf, oder auf das Kineoskop, in dem ein rotierender Streifen von unbeweglichen Bildern den Eindruck eines galoppierenden Pferdes erzeugte. Man schenkte mir auch Alben, die mit einer Daumenbewegung lebendig zu werden schienen: Das kleine Mädchen, das auf den Blättern zunächst in seiner Haltung erstarrt zu sein schien, begann auf einmal zu hüpfen, der Boxer fing zu boxen an. Schattenspiele, Projektionen: Was mich bei allen optischen Wundern interessierte, war, dass sie unter meinen Augen immer wieder von Neuem entstanden. Alles in allem konnten die bescheidenen Schätze meiner Stadtkindexistenz nicht mit denen rivalisieren, die meine Bücher bargen.

Alles das änderte sich, wenn ich die Stadt verließ und mich unter Tiere und Pflanzen, in die Natur mit ihren zahllosen verborgenen Möglichkeiten versetzt sah.

Wir verbrachten jeweils den Sommer im Limousin bei Papas Familie. Mein Großvater hatte sich auf einen Besitz in der Nähe von Uzerche zurückgezogen, den sein Vater erworben hatte. Er trug einen weißen Backenbart, eine Mütze, das Bändchen der Ehrenlegion und summte den ganzen Tag Melodien vor sich hin. Er nannte mir die Namen der Bäume, der Blumen und der Vögel. Pfauen schlugen ihr Rad vor dem mit Glyzinien und Bignonien bewachsenen Wohngebäude. Im Vogelhaus bewunderte ich Goldfasanen und Kardinäle mit rotem Kopf. Von künstlichen Wasserfällen unterbrochen und mit Seerosen bestanden, umschlang ein Wasserlauf, in dem Goldfische schwammen, mit seinen Fluten eine winzige Insel, die durch zwei Knüppelholzbrücken mit dem Lande verbunden war. Zedern, Wellingtonien, Blutbuchen, japanische Zwergbäumchen, Trauerweiden, Magnolien, Araukarien, immergrüne Pflanzen und solche, die sich im Herbst entlaubten, Baumgruppen, Gebüsche, Unterholz – das alles gab es in diesem Park, der nicht groß, aber doch so vielseitig war, dass ich mit seiner Erforschung niemals zu Ende kam. Wir verließen ihn um die Mitte der Ferien, um Papas Schwester zu besuchen, die mit einem Grundbesitzer in der Umgegend verheiratet war und zwei Kinder hatte. Sie holten uns mit dem ‚großen Break‘ ab, der von vier Pferden gezogen wurde. Nach dem Mittagessen in der Familie ließen wir uns auf den blauen Lederbänken nieder, die nach Staub und Sonne rochen. Mein Onkel ritt neben uns her. Nach einer Fahrt von zwanzig Kilometern waren wir in La Grillère. Ein Park, der ausgedehnter und naturhafter war als der von Meyrignac, dabei aber einförmiger, umgab ein hässliches, von Türmchen gekröntes, schindelgedecktes Schloss. Tante Hélène begegnete mir mit völliger Gleichgültigkeit. Onkel, vielmehr ‚Tonton‘ Maurice, schnurrbärtig, immer in hohen Stiefeln und mit der Reitpeitsche in der Hand, wirkte eher erschreckend auf mich. Doch war ich gern mit Robert und Madeleine zusammen, die fünf und drei Jahre älter waren als ich. Wie bei meinen Großeltern durfte ich auch bei meiner Tante beliebig auf dem Rasen herumlaufen und alles mit Händen berühren. Wenn ich im Boden grub, den Lehm knetete, unter meinen Füßen pralle Schoten zertrat, lernte ich, was weder Bücher noch Lehrmeister uns vermitteln. Ich machte Bekanntschaft mit Klee und Hahnenfuß, mit Phlox und dem leuchtenden Blau der Volubilis, dem Schmetterling, dem Sonnenkäferchen, dem Glühwurm, dem Tau, den Spinnweben und Marienfäden; ich machte die Erfahrung, dass das Rot des Stechapfels röter als das des Kirschlorbeers oder der Eberesche ist, dass der Herbst die Pfirsiche rötet und das Laub kupferfarben tönt, dass die Sonne am Himmel auf- und niedergeht, ohne dass man sie jemals sich bewegen sieht. Der Überschwang an Farben und Düften berauschte mich. Überall, im grünen Fischwasser, im Gewoge der Wiesen, unter dem sägeblättrigen Farnkraut, in der Tiefe des Unterholzes, verbargen sich Schätze, die ich zu entdecken brannte.

Virginia Woolf

Lady Lasswade reist

Oben im Schlafzimmer im obersten Stock des Hauses sah Baxter, Kittys Zofe, aus dem Fenster und beobachtete, wie die Gäste davonfuhren. Da – da fuhr die alte Lady davon. Sie wünschte sich, sie würden sich beeilen; wenn die Gesellschaft noch viel länger dauerte, würde ihr eigener kleiner Ausflug ins Wasser fallen. Sie wollte morgen mit ihrem jungen Mann den Fluss hinauffahren. Sie drehte sich um und sah sich um. Sie hatte alles bereit – das Kostüm ihrer Ladyschaft und die Tasche mit der Fahrkarte. Es war lange nach elf. Sie stand am Frisiertisch und wartete. Der dreiflügelige Spiegel reflektierte silberne Döschen, Puderquasten, Kämme und Bürsten. Baxter beugte sich vor und grinste sich im Spiegel an – so würde sie aussehen, wenn sie den Fluss hinauffuhr – dann richtete sie sich auf; sie hörte Schritte im Flur. Ihre Ladyschaft kam. Hier war sie.

Lady Lasswade kam herein und streifte die Ringe von ihren Fingern. „Tut mir leid, dass es so spät geworden ist, Baxter", sagte sie. „Jetzt muss ich mich beeilen."

Baxter hakte ihr ohne ein Wort das Kleid auf, ließ es geschickt zu Boden gleiten und trug es fort. Kitty setzte sich an den Frisiertisch und schleuderte die Schuhe von sich. Satinschuhe waren immer zu eng. Sie sah auf die Uhr auf ihrem Frisiertisch. Sie hatte gerade noch Zeit.

Baxter reichte ihr ihre Jacke. Jetzt reichte sie ihr ihre Tasche. „Die Fahrkarte ist hier drin, Mylady", sagte sie, die Tasche berührend.

„Jetzt meinen Hut", sagte Kitty. Sie beugte sich vor, um ihn vor dem Spiegel aufzusetzen. Das kleine Reisehütchen aus Tweed, das oben auf ihrer Frisur balancierte, ließ sie wie eine andere Person aussehen; die Person, die sie gerne war. Sie stand in ihrem Reisekostüm da und überlegte, ob sie etwas vergessen hatte. Einen Augenblick war ihr Kopf völlig leer. Wo bin ich? fragte sie sich. Was mache ich hier? Wo will ich hin? Ihre Augen hefteten sich auf den Frisiertisch; vage erinnerte sie sich an ein anderes Zimmer und an eine andere Zeit, als sie noch ein Mädchen war. In Oxford, oder?

„Die Fahrkarte, Baxter?", sagte sie mechanisch.

„In Ihrer Tasche, Mylady", erinnerte Baxter sie. Sie hielt sie in der Hand.

„Das wäre dann alles", sagte Kitty, sich umsehend.

Einen Augenblick hatte sie Gewissensbisse.

„Danke, Baxter", sagte sie. „Ich hoffe, du genießt dein ...", sie zögerte: Sie wusste nicht, was Baxter an ihrem freien Tag machte – „... dein Stück", sagte sie auf gut Glück. Baxter reagierte mit einem seltsamen kleinen verkniffenen Lächeln. Zofen verunsicherten Kitty mit ihrer untertänigen Höflichkeit; mit ihren unerforschlichen, verschlossenen Gesichtern. Aber sie waren sehr nützlich.

„Gute Nacht!", sagte sie an der Schlafzimmertür zu Baxter; denn dort drehte Baxter sich um, als sei ihre Verantwortung für ihre Herrin hier zu Ende. Jemand anders war für die Treppe zuständig.

Kitty warf einen Blick ins Wohnzimmer, für den Fall, dass ihr Mann dort wäre. Aber das Zimmer war leer. Das Feuer loderte noch; die Sessel, im Kreis angeordnet, schienen in ihren leeren Armen immer noch das Skelett der Gesellschaft zu umfangen. Aber vor der Tür wartete der Wagen auf sie.

„Reicht die Zeit?", sagte sie zum Chauffeur, als er die Decke über ihre Knie breitete. Sie fuhren los.

Es war eine klare stille Nacht, und jeder Baum auf dem Square war sichtbar; manche waren schwarz, andere waren mit seltsamen Flecken aus grünem künstlichen Licht gesprenkelt. Über den Bogenlampen ragten Schächte der Dunkelheit auf. Obwohl es auf Mitternacht zuging, schien es kaum Nacht zu sein; sondern vielmehr ein ätherischer, körperloser Tag, denn in den Straßen gab es so viele Lampen; vorbeifahrende Automobile; Männer mit weißen Halstüchern und leichten offenen Sommermänteln, die über die sauberen trockenen Gehsteige schlenderten, und viele Häuser waren noch erleuchtet, denn alle gaben Gesellschaften. Die Stadt veränderte sich, als sie ruhig und gleichmäßig durch Mayfair fuhren. Die Wirtshäuser schlossen; hier hatte sich eine Gruppe um einen Laternenmast an der Ecke versammelt. Ein Betrunkener grölte ein lautes Lied; ein beschwipstes Mädchen mit einer Feder, die ihm in die Augen wippte, hielt sich schwankend am Laternenmast fest ... aber nur Kittys Augen registrierten, was sie sah. Nach den Unterhaltungen, den Anstrengungen und der Hetze konnte sie dem, was sie sah, nichts hinzufügen. Und sie fuhren schnell vorbei. Jetzt waren sie abgebogen, und der Wagen glitt mit Höchstgeschwindigkeit durch eine lange, hell erleuchtete Straße voller großer, geschlossener Geschäfte. Die Straßen waren fast leer. Die gelbe Bahnhofsuhr zeigte, dass sie noch fünf Minuten Zeit hatten. Gerade noch rechtzeitig, sagte sie zu sich selbst. Das übliche Frohlocken stieg in ihr auf, als sie den Bahnsteig entlangging. Diffuses Licht ergoss sich aus großer Höhe herab. Die Rufe von Männern und das Scheppern rangierender Waggons hallten in der gewaltigen Leere wider. Der Zug wartete; Reisende machten sich bereit zur Abfahrt. Einige hatten einen Fuß auf die Stufe ihrer Abteile gestellt, während sie aus dicken Tassen tranken, als hätten sie Angst, sich zu weit von ihren Plätzen zu entfernen. Sie blickte am Zug entlang und sah, dass die Lokomotive Wasser aus einem Schlauch in sich einsaugte. Sie schien ganz Körper zu sein, ganz Muskel; selbst der Hals war von der glatten Wölbung des Rumpfs einverleibt worden. Das hier war „der" Zug; die anderen waren Spielzeuge im Vergleich dazu. Sie sog die schweflige Luft ein, die einen leisen Hauch von Säure in der Kehle zurückließ, als enthalte sie bereits den Beigeschmack des Nordens.

Der Schaffner hatte sie gesehen und kam auf sie zu, die Pfeife in der Hand.

„Guten Abend, Mylady", sagte er.

„Guten Abend, Purvis. Das war ziemlich knapp", sagte sie, als er die Tür ihres Abteils aufschloss.

„Ja, Mylady. Gerade noch rechtzeitig", antwortete er.

Er verschloss die Tür. Kitty drehte sich um und sah sich in dem kleinen erleuchteten Raum um, in dem sie die Nacht verbringen sollte. Alles war bereit; das Bett war gemacht; die Laken waren umgeschlagen; ihre Tasche stand auf dem Sitz. Der Schaffner ging mit der Flagge in der Hand am Fenster vorbei. Ein Mann, der den Zug gerade noch erwischte, rannte mit weit ausgebreiteten Armen über den Bahnsteig. Eine Tür schlug zu. „Gerade noch rechtzeitig", sagte Kitty zu sich selbst, als sie dastand. Dann ging ein sanftes Rucken durch den Zug. Sie konnte kaum glauben, dass ein so großes Ungetüm so sanft zu einer so langen Fahrt anrollen konnte. Dann sah sie den Teewagen vorbeigleiten.

„Wir fahren los", sagte sie zu sich selbst und ließ sich auf den Sitz fallen. „Wir fahren los!"

Alle Anspannung wich aus ihrem Körper. Sie war allein; und der Zug bewegte sich. Die letzte Lampe auf dem Bahnsteig glitt vorbei. Die letzte Gestalt auf dem Bahnsteig verschwand. „Was für ein Spaß!", sagte sie zu sich selbst, als wäre sie ein kleines Mädchen, das seiner Kinderfrau weggelaufen und entwischt war. „Wir fahren los!"

Einen Augenblick blieb sie still in ihrem hell erleuchteten Abteil sitzen; dann zog sie an der Jalousie, und sie sprang mit einem Ruck nach oben. Verlängerte Lichter glitten vorbei; Lichter in Fabriken und Lagerhäusern; Lichter in obskuren Seitenstraßen. Dann kamen Asphaltwege; mehr Lichter in öffentlichen Gärten; und dann Büsche und eine Hecke auf einem Feld. Sie ließen London hinter sich; dieses Gleißen der Lichter, das sich, als der Zug in die Dunkelheit raste, zu

einem einzigen glühenden Kreis zusammenzuziehen schien.
Der Zug raste röhrend durch einen Tunnel. Er schien einen
Akt der Amputation zu vollziehen; jetzt war sie von jenem
Lichtkreis abgeschnitten.

Sie sah sich in dem engen kleinen Abteil um, in dem sie allein war. Alles zitterte leise. Es herrschte ein unaufhörliches
leichtes Vibrieren. Sie schien von einer Welt in eine andere
hinüberzugleiten; dies war der Augenblick des Übergangs.
Einen Augenblick saß sie still; dann zog sie sich aus und
hielt mit der Hand auf der Jalousie inne. Der Zug hatte jetzt
sein Tempo gefunden; er raste mit Höchstgeschwindigkeit
durch das Land. Hier und da blinkten ein paar ferne Lichter.
Schwarze Baumgruppen standen auf den grauen Sommer-
wiesen; die Wiesen waren voller Sommergräser. Das Licht
der Lokomotive fiel auf eine reglose Gruppe von Kühen; und
eine Schlehenhecke. Sie waren jetzt auf dem offenen Land.

Sie zog die Jalousie herunter und kletterte in ihr Bett. Sie
streckte sich auf der ziemlich harten Koje mit dem Rücken
zur Abteilwand aus, sodass sie ein schwaches Vibrieren an
ihrem Kopf spürte. Sie lag und lauschte auf das summende
Geräusch, das der Zug jetzt, wo er sein Tempo gefunden
hatte, von sich gab. Ruhig und kraftvoll wurde sie durch
England in den Norden gezogen. Ich brauche nichts zu
tun, dachte sie, nichts, nichts, außer mich weiterziehen zu
lassen. Sie drehte sich um und zog den blauen Schirm über
die Lampe. Das Geräusch des Zugs wurde in der Dunkelheit lauter; sein Dröhnen, sein Vibrieren schienen in einen
regelmäßigen Klangrhythmus überzugehen, der wie eine
Harke durch ihren Geist strich, ihre Gedanken ausrollte.

Ah, aber nicht alle, dachte sie, sich unruhig auf ihrer Koje hin und her werfend. Einige ragten immer noch hervor. Man ist kein Kind mehr, dachte sie, den Blick auf das Licht unter dem blauen Schirm gerichtet. Die Jahre veränderten die Dinge; zerstörten Dinge; häuften Dinge an – Sorgen und Verdruss; hier waren sie wieder. Gesprächsfetzen gingen ihr durch den Sinn; Bilder tauchten vor ihr auf. Sie sah sich das Fenster mit einem Ruck hochschieben; und die Borsten am Kinn von Tante Warburton. Sie sah, wie die Damen sich erhoben und wie die Männer hereindefiliert kamen. Sie seufzte, als sie sich auf ihrer Koje umdrehte. Sie tragen alle dieselben Kleider, dachte sie; sie führen alle dasselbe Leben. Und was ist richtig? dachte sie, sich unruhig auf ihrer Koje hin und her werfend. Was ist falsch? Sie drehte sich noch einmal um.

Der Zug riss sie mit sich. Sein Klang war tiefer geworden; er war zu einem steten Dröhnen geworden. Wie sollte sie schlafen? Wie sollte sie sich am Denken hindern? Sie drehte sich vom Licht weg. Wo sind wir jetzt? fragte sie sich. Wo ist der Zug in diesem Augenblick? Jetzt, murmelte sie, die Augen schließend, fahren wir an dem weißen Haus auf dem Hügel vorbei; jetzt fahren wir durch den Tunnel; jetzt überqueren wir die Brücke über den Fluss … Eine Leere tat sich auf; der Abstand zwischen ihren Gedanken wurde größer; sie wurden verworren. Vergangenheit und Gegenwart

verknäulten sich ineinander. Sie sah, wie Margaret Marrable das Kleid mit den Fingern befühlte, aber sie führte einen Bullen mit einem Ring in der Nase hinter sich her ... Das ist der Schlaf, sagte sie sich, die Augen halb öffnend; Gott sei Dank, sagte sie sich, sie wieder schließend, das ist der Schlaf. Und sie überließ sich der Obhut des Zuges, dessen Dröhnen nun dumpf und fern wurde.

Es klopfte an ihrer Tür. Einen Augenblick lag sie da und fragte sich, wieso das Zimmer so schaukelte; dann nahm die Szene Gestalt an; sie war im Zug; sie war auf dem Land; sie näherten sich dem Bahnhof. Sie stand auf.
Sie zog sich hastig an und stellte sich in den Gang. Es war noch früh. Sie beobachtete, wie die Felder vorbeigaloppierten. Es waren die kahlen Felder, die eckigen Felder des Nordens. Der Frühling war hier spät; die Bäume standen noch nicht in vollem Laub. Der Rauch schlang sich nach unten und umfing einen Baum mit seiner weißen Wolke. Als sie sich wieder hob, dachte sie, wie herrlich das Licht war; klar und scharf, weiß und grau. Die Landschaft hatte nichts von der Weichheit, nichts von dem Grün der Landschaft im Süden. Aber hier war der Knotenpunkt; hier war der Gasometer; sie fuhren in den Bahnhof ein. Der Zug verlangsamte seine Fahrt, und alle Lampenmasten auf dem Bahnsteig kamen allmählich zum Stillstand.

Sie stieg aus und atmete die kalte raue Luft tief in sich ein. Das Automobil wartete auf sie; und sobald sie es sah, erinnerte sie sich – es war das neue Auto; ein Geburtstagsgeschenk ihres Mannes. Sie war noch nie damit gefahren. Cole hob die Hand an die Mütze.

„Lassen Sie uns offen fahren, Cole", sagte sie, und er öffnete das steife neue Verdeck, und sie stieg neben ihm ein. Sehr langsam, denn der Motor schien unregelmäßig zu laufen, anzuspringen und auszusetzen und wieder anzuspringen, setzten sie sich in Bewegung. Sie fuhren durch den Ort; die Geschäfte waren alle noch geschlossen; Frauen lagen auf den Knien und schrubbten ihre Türschwellen; Vorhänge waren noch vor Schlafzimmern und Wohnzimmern vorgezogen; es herrschte nur sehr wenig Verkehr. Nur Milchkarren rumpelten vorbei. Hunde trotteten, höchsteigenen Zielen folgend, mitten auf der Straße herum. Cole musste immer wieder hupen.

„Mit der Zeit werden sie es noch lernen, Mylady", sagte er, als ein großer gefleckter Köter beiseiteschlich. Im Ort selbst fuhr er vorsichtig; aber sobald sie aus ihm heraus waren, beschleunigte er. Kitty sah, wie die Nadel des Tachometers nach oben schnellte.

„Lässt er sich gut fahren?", fragte sie, während sie dem weichen Schnurren des Motors lauschte.

Cole hob den Fuß, um ihr zu zeigen, wie leicht er das Gaspedal berührte. Dann drückte er ihn wieder nach unten, und der Wagen schoss nach vorn. Sie fuhren zu schnell, dachte Kitty; aber die Straße – sie hielt die Augen darauf gerichtet – war immer noch leer. Nur zwei oder drei schwerfällige

Bauernwagen begegneten ihnen; die Männer traten an die Köpfe der Pferde und hielten sie fest, als sie an ihnen vorbeifuhren. Die Straße erstreckte sich perlweiß vor ihnen; die Hecken waren mit den kleinen spitzen Blättern des frühen Frühlings übersät.

„Der Frühling ist hier oben sehr spät", sagte Kitty; „der kalte Wind, nehme ich an?"

Cole nickte. Er hatte nichts von der servilen Art des Londoner Bediensteten; mit ihm fühlte sie sich wohl; bei ihm konnte sie schweigen. Die Luft schien unterschiedliche Grade von Wärme und Kälte zu enthalten; jetzt süß; jetzt – sie kamen an einem Bauernhof vorbei – intensiv riechend, scharf vom sauren Geruch von Dung. Sie lehnte sich zurück und hielt ihren Hut fest, als sie auf einen Hügel zubrausten. „Den werden Sie aber nicht im höchsten Gang hinaufkommen, Cole", sagte sie. Die Geschwindigkeit ließ ein wenig nach; sie fuhren den vertrauten Crabbs Hill mit den gelben Streifen hinauf, die anzeigten, wo Kutscher die Bremsen angezogen hatten. Früher, als sie noch mit Pferden fuhren, waren sie hier immer abgestiegen und zu Fuß gegangen. Cole sagte nichts. Er wollte mit seiner Maschine ein wenig prahlen, vermutete sie. Der Wagen hielt sich recht wacker. Aber der Hügel war lang; da kam ein ebenes Stück; dann stieg die Straße aufs Neue an. Der Wagen geriet ins Stocken. Cole redete ihm gut zu. Kitty sah ihn mit dem Oberkörper vor und zurück rucken, als wolle er Pferde anspornen. Sie spürte die Spannung seiner Muskeln. Sie wurden langsamer – fast blieben sie stehen. Nein, jetzt hatten sie die Hügelkuppe erreicht. Der Wagen hatte es im höchsten Gang geschafft.

„Gut gemacht!", rief sie. Er sagte nichts; aber er war sehr stolz, das wusste sie.

„Mit dem alten Wagen hätten wir das niemals geschafft", sagte sie.

„Ah, aber das war nicht seine Schuld", sagte Cole.

Er war ein sehr menschlicher Mann; die Art Mann, die sie mochte, dachte sie – still, reserviert. Sie brausten weiter. Jetzt kamen sie an dem Haus aus grauem Stein vorbei, in dem die verrückte Frau allein mit ihren Pfauen und ihren Bluthunden lebte. Schon waren sie daran vorbei. Jetzt lagen die Wälder zu ihrer Rechten, und die Luft fuhr singend durch sie hindurch. Es war wie das Meer, dachte Kitty schauend, während sie einen dunkelgrünen Weg entlangfuhren, der mit gelbem Sonnenlicht gesprenkelt war. Und immer noch fuhren sie weiter. Jetzt lagen Haufen rostig brauner Blätter am Straßenrand und färbten die Pfützen rot.

„Hat es geregnet?", fragte sie. Er nickte. Sie kamen auf dem hohen Grat heraus, unter dem sich Wälder ausbreiteten, und dort, auf einer Lichtung zwischen den Bäumen, war der graue Turm des Schlosses. Sie hielt immer danach Ausschau und begrüßte ihn, als winke sie einem Freund zu. Sie waren jetzt auf ihrem eigenen Land. Torpfosten waren mit ihren Initialen gekennzeichnet; ihr Wappen baumelte über den Türen von Wirtshäusern; ihre Helmzier war über den Türen von Cottages eingemeißelt. Cole sah auf die Uhr. Die Nadel machte wieder einen Sprung.

Zu schnell, zu schnell! sagte Kitty zu sich selbst. Aber sie liebte es, wie der Wind ihr ins Gesicht schlug. Jetzt hatten sie das Tor an der Lodge erreicht; Mrs Preedy, ein Kind mit weißen Haaren auf dem Arm, hielt es auf. Sie brausten durch den Park. Die Hirsche hoben die Köpfe und sprangen leichtfüßig durch den Farn davon.

„Zwei Minuten unter einer Viertelstunde, Mylady", sagte Cole, als sie einen weiten Bogen beschrieben und vor der Tür anhielten. Einen Augenblick blieb Kitty stehen und sah auf den Wagen. Sie legte die Hand auf die Motorhaube. Sie war heiß. Sie tätschelte sie. „Er hat seine Sache wunderbar gemacht, Cole", sagte sie. „Ich werde es seiner Lordschaft erzählen." Cole lächelte; er war glücklich.

Sie ging hinein. Niemand war zu sehen; sie waren früher eingetroffen als erwartet. Sie durchquerte die große, mit Steinplatten gefliese Halle mit den Rüstungen und den Büsten und betrat das Morgenzimmer, in dem das Frühstück aufgetragen war.

Das grüne Licht blendete sie, als sie hineinging. Es war, als stünde sie in der Höhlung eines Smaragds. Alles draußen war grün. Die Statuen grauer französischer Damen standen auf der Terrasse und hielten ihre Körbe; aber die Körbe waren leer. Im Sommer würden Blumen in ihnen brennen. Grüner Rasen fiel in breiten Schwaden zwischen gestutzten Eiben; lief zum Fluss hinunter; und schwang sich dann wieder zum Hügel hinauf, der mit Wäldern gekrönt war. Nebelgekräusel lag jetzt über dem Wald – der leichte Dunst des frühen Morgens. Während sie noch schaute, summte eine Biene an ihrem Ohr; sie glaubte, das Murmeln des Flusses über den Steinen zu hören; Tauben gurrten in den Baumwipfeln. Es war die Stimme des frühen Morgens, die Stimme des Sommers. Aber die Tür ging auf. Hier war das Frühstück.

Sie frühstückte; sie fühlte sich warm, aufgehoben und behaglich, als sie sich in ihrem Stuhl zurücklehnte. Und sie hatte nichts zu tun – nicht das Geringste. Der ganze Tag gehörte ihr. Und dazu war es ein schöner Tag. Plötzlich wurde das Sonnenlicht im Raum intensiver und breitete einen weiten Lichtstreifen über den Fußboden. Die Sonne schien auf die Blumen draußen. Ein Schmetterling, ein Kleiner Fuchs, flatterte am Fenster vorbei; sie sah, wie er sich auf einem Blatt niederließ, und dort saß er, öffnete und schloss seine Flügel, öffnete und schloss sie, als labe er sich am Sonnenlicht. Sie beobachtete ihn. Der Flaum auf seinen Flügeln war von einem weichen Rostrot. Er flatterte wieder davon. Dann, von einer unsichtbaren Hand eingelassen, stolzierte der Chow herein; kam geradewegs zu ihr; schnüffelte an ihrem Rock und ließ sich in einen hellen Fleck aus Sonnenlicht niederfallen.

Herzloses Ungeheuer! dachte sie, aber seine Gleichgültigkeit gefiel ihr. Auch verlangte er nichts von ihr. Sie streckte die Hand nach einer Zigarette aus. Und was würde Martin sagen, fragte sie sich, als sie das Emaillekästchen ergriff, das sich von Grün zu Blau färbte, als sie es öffnete. Gräßlich? Vulgär? Möglich – aber was machte es schon, was die Leute sagten? Kritik kam ihr an diesem Morgen leicht wie Rauch vor. Was machte es schon, was er sagte, was sie sagten, was irgendwer sagte, wo sie einen ganzen Tag für sich hatte? – wo sie allein war? Und da sind sie alle, schlafen noch, in ihren Häusern, dachte sie, am Fenster stehend, auf das grüngraue Gras hinaussehend, nach ihren Bällen, nach ihren Gesellschaften ... Der Gedanke gefiel ihr. Sie warf die Zigarette weg und ging nach oben, um sich umzuziehen.

Die Sonne war viel stärker geworden, als sie wieder nach unten kam. Der Garten hatte bereits seine Aura der Reinheit verloren; der Dunst über dem Wald war fort. Sie konnte das Quietschen des Rasenmähers hören, als sie durch die Fenstertür trat. Das Pony mit den Gummiüberzügen an den Hufen ging auf dem Rasen auf und ab und hinterließ eine helle Spur im Gras hinter sich. Die Vögel sangen auf ihre abgehackte Art. Die Stare in ihrer hellen Rüstung pickten im Gras herum. Tau glitzerte, rot, violett, gold, auf den zitternden Spitzen der Grashalme. Es war ein vollkommener Maimorgen.

Sie schlenderte langsam über die Terrasse. Im Vorbeigehen warf sie einen Blick durch die hohen Fenster der Bibliothek. Alles war abgedeckt und zugehängt. Aber der lange Raum sah stattlicher aus als gewöhnlich, seine Proportionen ansprechend; und die braunen Bücher in ihren langen Reihen schienen stumm, voller Würde, für sich allein, für sich selbst, zu existieren. Sie verließ die Terrasse und schlenderte den langen, grasbewachsenen Pfad hinunter. Der Garten war noch leer; nur ein Mann in Hemdsärmeln verrichtete irgendeine Arbeit an einem Baum; aber sie musste mit niemandem sprechen. Der Chow stolzierte hinter ihr her; auch er war stumm. Sie ging an den Blumenbeeten vorbei zum Fluss. Dort blieb sie immer stehen, auf der Brücke mit den in Abständen aufgereihten Kanonenkugeln. Das Wasser faszinierte sie immer. Der schnelle nördliche Fluss kam aus den Mooren herab; er war nie glatt und grün, nie tief und friedlich wie die Flüsse des Südens. Er raste; er hastete. Er breitete sich, rot, gelb und klarbraun, über die Kiesel in seinem Bett. Die Ellbogen auf die Balustrade gestützt beobachtete sie, wie er um die Bögen strudelte; sie beobachtete, wie er Rauten und scharfe Pfeilstriche über die Steine malte. Sie lauschte. Sie kannte die unterschiedlichen Geräusche, die er im Sommer und Winter machte; jetzt hastete er, er raste.

Aber der Chow war gelangweilt; er marschierte weiter. Sie folgte ihm. Sie ging den grünen Reitweg zu dem wie ein Kerzenlöscher geformten Monument auf der Kuppe des Hügels hinauf. Jeder Pfad durch den Wald hatte einen eigenen Namen. Es gab den Keeper's Path, den Lovers' Walk, die Ladies' Mile, und hier war der Earl's Ride. Aber bevor sie den Wald betrat, blieb sie stehen und sah zum Haus zurück. Unzählige Male war sie schon hier stehen geblieben; das Schloss sah grau und stattlich aus; schlafend an diesem Morgen, die Vorhänge zugezogen und keine Flagge am Flaggenmast. Sehr nobel sah es aus und sehr alt und ausdauernd. Dann ging sie in den Wald hinein.

Der Wind schien sich zu erheben, als sie unter den Bäumen dahinging. Er sang in ihren Wipfeln, aber darunter war es still. Die toten Blätter knisterten unter ihren Füßen; zwischen ihnen kamen die blassen Frühlingsblumen zum Vorschein, die schönsten des Jahres – blaue Blüten und weiße

Blüten, zitternd auf Kissen aus grünem Moos. Der Frühling war immer traurig, dachte sie; er brachte Erinnerungen zurück. Alles vergeht, alles verändert sich, dachte sie, als sie den schmalen Pfad zwischen den Bäumen hinaufging. Nichts von alldem gehörte ihr; ihr Sohn würde es erben; seine Frau würde nach ihr hier wandern. Sie brach einen Zweig ab; sie pflückte eine Blume und hob sie an ihre Lippen. Aber sie stand in der Blüte ihres Lebens; sie war voller Energie. Sie ging weiter. Der Untergrund stieg steil an; ihre Muskeln fühlten sich stark und geschmeidig an, als sie ihre dick besohlten Schuhe in den Boden drückte. Sie warf ihre Blume weg. Die Bäume wurden dünner, als sie höher und höher stieg. Plötzlich sah sie den Himmel außergewöhnlich blau zwischen zwei gestreiften Baumstämmen. Sie hatte die Kuppe erreicht. Der Wind legte sich; um sie herum lag das Land weit ausgebreitet. Ihr Körper schien zu schrumpfen; ihre Augen weit zu werden. Sie warf sich auf die Erde und blickte über das wogende Land hinweg, das sich hob und senkte, immer weiter und weiter, bis es irgendwo in weiter Ferne das Meer erreichte. Unbebaut, unbewohnt, für sich selbst existierend, aus sich allein, ohne Städte oder Häuser, so sah es von dieser Höhe aus. Dunkle Keile aus Schatten, helle Breiten aus Licht lagen Seite an Seite. Dann, während sie schaute, bewegte sich das Licht, bewegte sich das Dunkel; Licht und Schatten zogen über die Hügel und über die Täler. Ein tiefes Murmeln sang in ihren Ohren – das Land selbst, das für sich selbst sang, einen Chor, allein. Sie lag und lauschte. Sie war glücklich, völlig glücklich. Die Zeit hatte aufgehört.

Reise nach Persien

Einführung

Reisen ist das persönlichste aller Vergnügen. Es gibt keinen größeren Langweiler als den, der uns endlos von seinen Reiseerlebnissen erzählt. Wir legen nicht den geringsten Wert darauf, in aller Ausführlichkeit zu hören, was er in Hongkong gesehen hat. Ja, wir wollen es nicht nur nicht hören, wir wollen – wenn wir ganz ehrlich sind – auch nicht in einem Brief davon lesen.

Vielleicht liegt es daran, dass Briefe an sich mit vielen Nachteilen verbunden sind. Ihre Momentaufnahmen sind rasch verblichen. Wenn ich heute nach Hause schreibe: „Während ich dies zu Papier bringe, kreuze ich vor der Küste Belutschistans", ist dies für mich, die ich bloß die Augen erheben muss, um mich am Anblick der Klippen im rosigen Morgenlicht zu freuen, ein lebendiger Eindruck; doch dem Leser, der meinen Brief drei Wochen später in England öffnet, ist klar, dass ich längst nicht mehr vor Belutschistans Küste segle; vielleicht fahre ich gerade mit einem Taxi durch Bagdad, sitze lesend in einem Zug, schlafe oder bin längst tot; der Gebrauch der Gegenwartsform ist bedeutungslos geworden. Aber das ist nicht das einzige Problem, das wir mit Briefen haben. Ein weiteres ist: Sie kommen nicht häufig genug. Einem leidenschaftlich erwarteten Brief sollte eigentlich immer gleich ein zweiter folgen, um dem schalen Gefühl entgegenzuwirken, das uns überkommt, wenn die süße Qual der Erwartung dem kalten Hauch der Erfüllung gewichen ist. Doch eine solche verfeinerte Abstimmung der Korrespondenz ist nur möglich, wenn schriftliche Mitteilungen in kurzer Folge hin- und hergehen, wie bei Liebenden, die in der gleichen Stadt zu Hause sind. Ist man auf den komplizierten, undurchschaubaren Mechanismus ausländischer Postdienste angewiesen (man denke nur an die Stapel unzähliger Säcke in düsteren Lagerräumen!), gibt es keine Chance. Viele Wochen schon haben wir gewartet; jeder Tag hat mit neuer Hoffnung begonnen (mit Ausnahme des Sonntags, einem Tag, den man aus dem Kalender streichen sollte); und endete er auch in Enttäuschung, der nächste Morgen stand immer bevor, und man weiß ja nie, was die morgige Post alles bringen mag … Dann kommt er endlich, wird aufgerissen, verschlungen – und schon ist alles vorüber. Ein kurzes Aufflammen, das kaum ausreicht, unseren Hunger zu stillen. Denn allein mit seiner Ankunft hat uns der Brief einen geheimen Bereich unserer Existenz geraubt – den einzigen Bereich, in dem wir wahre Lebensfreude auskosten können. Ich spreche von der Fantasie, schöpferisch und wandelbar, deren strahlender Himmel mit den herrlichsten Wolken und Formen vom Wind der Realität so leicht zerstört werden kann. Denn: Auf das Paradies zu hoffen, heißt, im Paradies zu leben, und das ist etwas ganz anderes, als dort tatsächlich anzukommen.

Der arme Brief an sich trägt wenig Schuld – und es liegt, wie ich meine, ein seltsames Pathos in den Gedanken des Briefeschreibers, der sich so viel Mühe gibt und dessen

Wunsch, zu gefallen und sich aus dem Exil mitzuteilen, so menschlich ist. Schuld hat weniger die Unzulänglichkeit des Inhalts als die Tatsache, dass der Brief den großen Fehler beging, überhaupt bei uns anzukommen. „Le tele d'une femme", sagte einmal ein scharfsinniger Franzose, „est non de se donner, mais de se laisser désirer."

Außerdem ist die Kunst des Briefelesens mindestens ebenso schwierig wie die Kunst des Briefeschreibens und wird nur von wenigen beherrscht. Die Mitarbeit des Lesers ist aber unerlässlich, kann man aus einem Brief doch stets mehr herausziehen, als es zunächst den Anschein hat – eine Feststellung, die auf jede Art von guter Literatur zutrifft, und Briefe haben es gewiss verdient, mit guter Literatur in einem Atemzug genannt zu werden, denn sie haben viel mit ihr gemeinsam: Sie wurzeln in den intimsten Erfahrungen ihrer Schreiber, zeugen von persönlich Erlittenem. Doch längst nicht jeder weiß Briefe richtig zu lesen. So manches mühsam der Feder abgerungene Wort, so manche subtile Andeutung wird achtlos übergangen, weil sie allein steht, nicht näher ausgeführt wurde. Nur der ideale Leser weiß den bitteren Beigeschmack dieser edlen Zurückhaltung zu schätzen.

Dem Brief von einer Reise haftet darüber hinaus ein weiterer Makel an: Die Verbindung zwischen zwei Menschen muss schon sehr eng sein, damit der eine wirklich begierig ist, sich den Hintergrund, vor dem der andere sich bewegt, bildlich vorzustellen – mit seinen Augen zu sehen, mit seinen Ohren zu lauschen, sich der Hitze seiner Ebenen und der Rauheit seiner Berge auszusetzen. Besteht diese Verbindung, gut und schön; es gehört sicherlich zu den verfeinerten Formen geistiger Übung, eine fremde Landschaft zu rekonstruieren und etwas so Subtiles wie die atmosphärische Bedeutung eines bestimmten Ortes einzufangen. Doch sind dies eigentlich schon viel zu plumpe Worte für die wunderbare Unwirklichkeit, die auf diese Weise entsteht – ein bloß der Erfindung entsprungenes Land, wie jene rosenfarbenen Landschaften in der Malerei der italienischen Romantik. Es ist eine eigenständige Kunst damit verbunden, ein Luxus der Müßigen und Grüblerischen, der – wenn auch auf seltsam verkehrte Weise – Genugtuung erfährt, wenn wir später tatsächlich einmal jenen Ort betreten sollten, der uns so lange in der Einbildung als Hintergrund unserer Wanderungen diente. (Denn nichts ist schwieriger, als den Anblick eines Ortes heraufzubeschwören, so wie wir ihn kannten, bevor wir selbst dort gewesen sind – so brüchig ist der Stoff, aus dem unsere Vorstellungen gewebt sind, so rasch aufzulösen, trotz der augenscheinlichen Festigkeit und Detailtreue, wie ein Ort, den wir als Kind gesehen und den wir unter dem Eindruck unserer heutigen, nicht notwendigerweise wahrhaftigeren Sichtweise dennoch falsch in Erinnerung haben.) Besteht jedoch diese enge Verbindung zum Briefeschreiber nicht, lesen wir – lasst es uns ruhig bekennen – die Beschreibungen unseres nomadisierenden Freundes mit müdem Pflichtbewusstsein. Selbst Briefe, die nicht an uns oder an Zeitgenossen unserer Generation gerichtet sind, die Briefe von Beckford zum Beispiel oder die von Lady Mary Montagu, lesen wir weniger aus Interesse an der Beschreibung ferner Länder als um ihrer historischen Kuriosität willen; oder wegen ihrer Ausdruckskraft, des Humors und des unverwechselbaren Tons, in denen sich unbewusst die Persönlichkeit des Schreibenden offenbart. „Wie ein Tagebuch" – ja, das ist kein schlechter Vergleich, denn was an einem Tagebuch, auch wenn es aus der ungeübtesten Feder stammt, letztendlich überzeugt, ist seine persönliche Unmittelbarkeit, die selbst dem langweiligsten Bericht unbestrittene Authentizität verleiht.

Allen Reisebriefen scheint also ein grundsätzlicher Makel anzuhaften, und das Gleiche gilt wohl auch für Reisebücher. Ja, wir können noch einen Schritt weitergehen und das Reisen selbst infrage stellen. Welchen Nutzen hat es, wenn wir unsere Erfahrungen anderen weder mündlich noch schriftlich wirklich nahebringen können? Dennoch – der Wunsch, unsere Erfahrungen mitzuteilen, gehört zu den verständlichsten, wenn auch nicht zu den vorteilhaftesten menschlichen Schwächen. Zu den vorteilhaftesten deshalb nicht, weil der Wunsch nach Mitteilung im ästhetischen Sinne wenig gewinnbringend erscheint (geteilte Freud ist schließlich halbe Freud) und weil uns der Versuch im schlimmsten Fall zu schwerwiegenden Trugschlüssen verleitet (wir können anderen unsere Erfahrungen nicht wirklich vermitteln, sie werden immer ein wirrer, trügerischer Abklatsch dessen bleiben, was uns tatsächlich zugestoßen ist). Reisen ist eine traurige Angelegenheit. Es ist unbequem, es ist teuer; für unsere Freunde ist es eine Quelle des Verdrusses, für uns selbst eine Quelle der Einsamkeit. Für den wahren Einzelgänger mag Letzteres ein Vorteil sein, doch ist es wichtig, zwischen Einsamkeit und Abgeschiedenheit zu unterscheiden. Was der Einzelgänger genießt, ist die Abgeschiedenheit. Nur wenn er allein ist, hat er das Gefühl, er selbst zu sein; in Gesellschaft meint er, sich selbst verraten zu müssen; die in Gesellschaft verbrachte Zeit ist für ihn verlorene Zeit, und er sehnt sich voller Ungeduld danach, zu seinem wahren Leben zurückkehren zu können. Er trägt Pantoffeln, um die Teppiche zu schonen, und das Inventar seiner Gedanken ist pingelig geordnet bis ins Extrem; er zieht ein Buch aus dem Regal oder kramt aus seinem unerschöpflichen Vorrat an geistigen Bildern ein besonders liebgewonnenes hervor, wendet es in Gedanken hin und her und lässt es – wie ein Gourmet eine köstliche Traube – genussvoll auf der Zunge zergehen.

Vielleicht war die Sprache, jenes verdrehte, labyrinthische Universum, im Grunde nie dazu gedacht, die einfacheren Funktionen des Auges zu ersetzen oder auch nur zu ergänzen. Wir schauen, und schon erschließt sich uns das Bild in seiner ganzen Gesamtheit, dreidimensional, vielschichtig, unmittelbar. Die Sprache ist dazu verdammt, auf ewig hinterherzuschleichen, wie eine Schnecke, die sich mit der Lichtgeschwindigkeit misst; selbst auf fünf eng bedruckten Seiten gelingt es der Sprache nicht, mehr als nur einen Bruchteil des sinnlich Wahrgenommenen wiederzugeben. Dies erinnert mich an den Orientalen, der mit liebenswerter Naivität fest davon überzeugt war, wenn er den Muezzin fotografiere, könne er auch alle Töne seines Gebetsrufs einfangen. Eine vage Ahnung des ursprünglichen Eindrucks ist das Höchste, was die Sprache zustande bringt – und was ist das schon! Die Kunst der Worte ist nun einmal keine exakte Wissenschaft. Ja, im Grunde machen wir uns gar nicht häufig genug klar, was für eine seltsame „Welt in der Welt" wir mit unserer Sprache geschaffen haben; sie ist durch Gewohnheit und Tradition so tief in uns verwurzelt, dass wir sie als selbstverständlich erachten und uns das Leben nicht mehr ohne sie vorstellen können, so wie unser Verstand das Ende der Zeit oder die Unendlichkeit des Raumes nicht zu begreifen vermag. Gedanken sind ohne Worte nicht möglich, und das Denken erscheint uns höchst erstrebenswert; doch woher wollen wir wissen, welche Verbindung zwischen unseren in Worten gefassten Gedanken und der Welt der Fakten tatsächlich besteht? Gibt es überhaupt eine wirkliche Beziehung? Oder handelt es sich bloß um Konventionen, um ästhetisierte Verbindungen, wie sie der Kunst eigen sind, jenem erhabenen Paradoxon, das die Wahrheit durch die verschiedensten Konventionen der Scheinhaftigkeit zu vermitteln versteht? Es könnte sich mit der vermeintlich sicheren, häufig vermessenen Position der Sprache ähnlich verhalten. Doch da wir uns in einem Teufelskreis bewegen, gegen Worte keine anderen Waffen besitzen als andere Worte, ist es eher unwahrscheinlich, dass wir jemals in der Lage sein werden, in dieser Frage zu einem treffenden Urteil zu kommen.

Gib einem Ding einen Namen, und es gelangt zur Existenz. Existierte es auch schon, ehe es einen Namen hatte? Wir wissen es nicht. Der Hindu kennt nur eine Bezeichnung für „morgen" und „gestern". Seine Vorstellung von der relativen Zeit muss von der unseren sehr verschieden sein, sonst hätte er doch sicherlich ein Wort geprägt, das seine umfassendere Wahrnehmung wiederzugeben vermag. Was wir nicht in Worte kleiden können, begreifen wir ebenso wenig, wie wir uns ein Leben vorstellen können, in dem keines der uns vertrauten Elemente eine Rolle spielt. Und doch würden wir, wenn wir so täten, als gebe es solche Konventionen nicht, handeln wie ein Kind, das wütend ein Buch über höhere Mathematik zerreißt. Wir sind die Sklaven der Sprache, durch unseren Tyrannen in enge Grenzen gewiesen.

Mehr noch, die Ausdruckskraft der Sprache ist voller Widersprüche und Überraschungen. In einem Moment scheint es, als gebe es keine Erfahrung, die sich nicht in Worte fassen ließe, und sei es auch nur die allerkleinste Regung, so wie sie Proust oder Henry James beschrieben haben. Doch schon im nächsten Moment müssen wir verzweifelt erkennen, dass unser Medium so armselig ist, dass wir nicht in der Lage sind, einander die einfachsten Erfahrungen aus unserem realen oder emotionalen Leben mitzuteilen. Wer von uns könnte leugnen, dass er sich, in das Hirn eines anderen Menschen versetzt (mag ihm dieser Mensch auch noch so nahestehen), in einem fremden Land befände? Sicherlich, hier und da würde er ein paar bekannte Umrisse erkennen, im Großen und Ganzen jedoch wäre er durch unerwartete Ordnungen, Formen und Proportionen vor unüberwindliche Rätsel gestellt. Es gibt nur einen Bereich im Leben, dem die Sprache tatsächlich angemessen erscheint, und das ist der Bereich des Intellekts: Er wurde von der Sprache selbst gezeugt und hätte ohne die Sprache niemals existieren können. Was wir fühlen und was wir sehen, existiert jedoch unabhängig von unserer Fähigkeit, uns auszudrücken. Damit haben Worte nichts zu tun.

Wir müssen also, wenn auch nicht ohne Bedauern, eingestehen, dass das Reisen ein höchst persönliches Vergnügen ist, da es vom Fühlen und Sehen bestimmt wird, von sinnlich wahrgenommenen Empfindungen und Eindrücken. Es gibt kein intellektuelles Interesse am Reisen, und so sind die meisten Intellektuellen auch Stubenhocker geblieben. Sie ziehen es – vielleicht klugerweise – vor, gemütlich vor dem Kamin zu sitzen und die Minarette und Kuppeldächer vor ihrem geistigen Auge erstehen zu lassen, ohne sich den Enttäuschungen der Wirklichkeit auszusetzen. Oder, noch wahrscheinlicher, sie denken gar nicht erst an Minarette und Kuppeldächer, sondern überlassen dies den vagabundierenden Seelen ihrer Freunde. Reisen ist reine Geschmackssache. Es ist logisch nicht zu rechtfertigen und braucht auch nicht gerechtfertigt zu werden; es lässt sich nicht zerreden und wegdiskutieren, sondern ragt, wenn die Nebel des Streits sich gelichtet haben, als unumstößliche Tatsache ebenso unerschütterlich auf wie zuvor. Abenteuer entstehen erst dadurch, dass sie im Geiste zu Abenteuern erhoben werden; ist dies geschehen, sollen keine noch so unbedeutenden Umstände dieser edlen Bezeichnung als unwürdig erachtet werden. Wie alle anderen irrationalen Leidenschaften muss das Reisen akzeptiert werden; es mag lästig sein, aber wegzudenken ist es nicht.

Wie alle anderen irrationalen Leidenschaften ist das Reisen außerdem höchst romantisch. Auf den ersten Blick mag dies paradox erscheinen, beruht es doch auf materiellen Gegebenheiten wie der Geografie, die konkret und endlich ist. Täglich brechen Schiffe vom Londoner Hafen zu antipodischen Häfen auf; nichts ist einfacher – vorausgesetzt, man verfügt über die nötigen finanziellen Mittel –, als eine Fahrkarte zu kaufen und eine Droschke zu nehmen, die uns nach Tilbury bringt. Doch das ist eben längst nicht alles. In welchem Geist wir es tun, das ist das Entscheidende. Wir müssen uns auf eine Exkursion ins Unbekannte einlassen, in Regionen vordringen, die nicht unsere eigenen sind. Wir müssen bereit sein, uns ständig überraschen zu lassen. Der Stubenhocker weiß, dass Pfauen in Indien ebenso frei herumfliegen wie Spatzen in England, er sieht keinen Grund, darüber in Begeisterung auszubrechen. In Wahrheit jedoch ist es ein überraschend schöner Anblick, wilde Pfauen im Licht des östlichen Sonnenaufgangs ihre Räder schlagen zu sehen. Mit ihrem feinen Gespür für Vollkommenheit hat die Natur alle Tiere vor dem Hintergrund der ihnen eigentümlichen Landschaften erschaffen; erst der Mensch hat sie herausgenommen und an den falschen Ort gebracht.

Wenn wir uns nicht überraschen lassen, uns über tiefe, spontane Eindrücke nicht freuen und die aufregende, aber essenzielle Einsamkeit nicht ertragen können, wären wir tatsächlich besser zu Hause vor unserem Kamin geblieben und hätten uns auf ein gemütliches Abendessen im Kreise unserer Freunde gefreut. Ich für meinen Teil möchte jedoch die Erinnerung an eine ägyptische Morgendämmerung ebenso wenig missen wie die an den Flug der Reiher quer über den Morgenmond.

Jugendleben und Wanderbilder

Reisen sollte ich, reisen! England sehen! Und noch viele Städte und Länder auf dem weiten Wege nach Calais. Mir schwindelte vor Freude, ich glaubte zu träumen, als mein Mann die nahe Aussicht auf dies nie geahnte Glück mir eröffnete; es störte mich in meinem Entzücken durchaus nicht, dass er zu gleicher Zeit mich ziemlich deutlich erraten ließ, wie er mit dieser eigentlich ohne Hinsicht auf merkantilische Pläne nur zum Vergnügen zu unternehmenden Reise zugleich die Absicht verbände, das häusliche Familienleben in jenem Lande der Freiheit, wie er es nannte, genauer kennenzulernen, das vielleicht, wenn die geahnte Veränderung uns auszuwandern bewöge, das Land seiner Wahl werden würde. Solange wir jung sind, liegt die Zukunft uns so fern! Ungeduldig zählte ich die Stunden bis zu dem zur Abreise festgesetzten Tage und dachte nie über denselben hinaus; ich war wieder das kleine Mädchen geworden, das die Nacht über kein Auge zutun konnte, weil die Mutter versprochen hatte, es morgen ins Theater mitzunehmen.

Endlich ging vor vollen fünfzig Jahren, anno 1787, die längst herbeigesehnte Sonne des Johannistages auf, oder vielmehr unter; denn infolge einer seiner alten Gewohnheiten hatte mein Mann die Postpferde erst um elf Uhr in der Nacht nach Oliva bestellt. In später Mitternachtsstunde abreisen, gefiel mir außerordentlich, es kam so poetisch mir vor. Da stand ich und sah unsere Koffer aufpacken, sah ein dazu ein-

gerichtetes Magazin unterm Wagen mit Wein-
flaschen, die großen Seitentaschen im Wagen
mit Zitronen, Apfelsinen und ähnlichen guten Dingen anfüllen, wurde jetzt obendrein einen gewaltig großen
Speisekorb voll Proviant, meiner Meinung nach auf viele
Wochen, gewahr, der aus der Stadt gebracht worden war.
Um Gottes willen, führt denn der Weg nach Berlin durch
die Arabische Wüste? rief ich verwundert.

Langweiliger als diese Reise kann ich mir nichts denken, als
etwa eine Beschreibung derselben; Schritt vor Schritt zogen vier abgelebte Postpferde uns durch tiefen Sand, durch
armselige Städte und noch armseligere Dörfer, wie ungleich
denen auf dem Danziger Gebiet! Legten wir in anderthalb
Stunden eine Meile zurück, so war der Postillon sehr zu loben, brachte er zwei Stunden damit zu, so hatten wir kein
Recht, uns über ihn zu beklagen; es gab sogar eine Station,
ich weiß nicht mehr genau, ob dicht vor oder hinter dem
traurigen Städtchen Schlawe, auf der wir einen ganzen Tag
zubrachten, um fünf unbarmherzig lange pommersche Meilen mit den nämlichen Pferden zurückzulegen; so unwirtbar
öde, so hauslos, möchte ich sagen, war das Land meilenweit
umher. Es war eine große Vergünstigung des Herrn Post-
meisters, wenn wir nur eine Stunde auf frische Pferde warten mussten, die in der Regel erst vom Felde hereingeholt
wurden, aber auch bei längerem Verweilen blieb uns nichts
übrig, als uns möglichst in Geduld zu fassen.

So ging es fort ohne Rast und Ruh, vier oder fünf Tage und
Nächte lang; der abschreckenden Beschaffenheit der Nacht-
quartiere, die unterwegs, mit Ausnahme eines einzigen im

111

Städtchen Köslin, sich uns boten, konnte nur die Feder des berühmten Beschreibers von Italien, Herrn Gustav Nicolai, in allen ihren Details das ihr gebührende Recht angedeihen lassen.

Der verzehrbare Teil unseres Gepäcks schmolz indessen so zusammen, dass wir auf der vorletzten Station vor Berlin sogar den völlig geleerten Korb liegen ließen; was ohne denselben in der zwar nicht arabischen, aber doch sehr trostlos dürren Wüste, die wir durchzogen, aus uns geworden wäre, weiß ich in der Tat nicht.

Trotz allem diesen kam ich doch sehr wohlgemut vor dem damals berühmtesten Gasthof zur goldenen Sonne, der auch vornehmer Hôtel de Russie genannt wurde, in Berlin an; erst beim Aussteigen entdeckte ich zu meinem Erstaunen, dass ich auf meinen übermäßig angeschwollenen Füßen weder stehen noch gehen könne. Mein Mann nahm ohne langes Bedenken mich wie ein Kind auf den Arm, trug mich die Treppe hinauf und suchte unterwegs mich mit der Versicherung zu beruhigen, dass ich nach einer in einem guten Bett durchschlafenen Nacht wieder ganz hergestellt sein würde, indem mein Zustand nur die natürliche Folge der ununterbrochen fortgesetzten Reise sei. Ich hätte mit dieser Versicherung mich auch gern ganz zufriedengegeben, hätte nur die Schildwache, die irgendeinem vornehmen Reisenden zu Ehren vor dem Haus aufgestellt war, nicht überlaut gesagt: „Ein nettes Frauenzimmerchen, schade, dass es kreuzlahm ist", was ich denn doch sehr übel nehmen musste.

Während der sechs oder acht Tage, die wir diesmal in Berlin zubrachten, hatte ich vom Morgen bis zum Abend mit den

Merkwürdigkeiten der großen Königsstadt vollauf zu tun. Vor den Erzeugnissen bildender Kunst, die ich noch nie in so zahlreicher Zusammenstellung erblickt hatte, stand ich verstummend, furchtsam, verlegen; ich wusste eigentlich nicht, wie mir geschehen, denn ich hatte noch nicht sehen gelernt.

Der Anblick der wie nagelneu aussehenden Stadt war mir zwar auffallend, aber die unabsehbar langen und breiten Straßen kamen eben wegen ihrer Länge und Breite mir öde und menschenleer vor, ebenso auch die alle wie nach einem Modell erbauten einander durchaus ähnlichen Häuser, von denen damals einige gar keine Häuser, sondern bloß eine Fassade waren, hinter welcher nichts als ein leerer Raum sich befand, die nur der Symmetrie zuliebe erbaut worden war, um eine entstellende Lücke in der Reihe der übrigen Häuser zu verbergen. Dass dem wirklich so sei, davon konnte mich Ungläubige nur der Augenschein überzeugen.

Stoff zur Bewunderung fand ich zwar überall und stündlich, bei jedem Schritt, doch ganz heimlich bei mir selbst verwunderte ich mich am meisten darüber, dass ich nicht noch weit mehr mich verwundern musste; die glanzerfüllte Märchenwelt, die hohe ernste Würde des alten Roms, die Überbleibsel gediegener Vorzeit in meiner Vaterstadt leuchteten aus meinen Kinderjahren noch zu blendend zu mir herüber. Wider mein Wollen musste ich in Berlin immer an Theaterdekorationen denken.

Der Weg von Berlin nach Potsdam beträgt nur vier Postmeilen, die kleine Reise, jetzt eine lustige Spazierfahrt von höchstens zweieinhalb Stunden, war damals aber ein Unternehmen, zu dessen Ausführung man sich im Voraus mit Geduld wappnen musste. Im knietiefen Sand beinahe einen ganzen Tag lang durch einen traurigen Fichtenwald sich hinschleppen lassen zu müssen, um einen so kurzen Weg zurückzulegen, war in der Tat keine Kleinigkeit.

Der Anblick der Stadt Potsdam, als wir ihn endlich errungen hatten, entschädigte mich wenig für die überstandene Mühseligkeit; sie kam mir noch menschenleerer, noch verödeter vor als Berlin. Die äußerlich anscheinende Pracht der Gebäude kontrastierte damals gar zu auffallend mit der Ärmlichkeit der Bewohner derselben.

Uniformen rechts, links, wohin man sah, überall nichts als Uniformen, nirgend echt bürgerliche Wohlhabenheit, frohsinniger, sich selbst lohnender Gewerbefleiß. Mir war nicht wohl dabei, und ich sehnte mich bald wieder hinaus.

Auch war es draußen unstreitig weit angenehmer als in der Stadt, die Umgebung derselben gefiel mir umso mehr, da es die erste schöne Gegend war, die ich erblickte, seit ich Danzig verlassen; besonders erfreuten mich die nie zuvor gesehenen Weinberge, welche hier schon anzutreffen ich nicht erwartet hatte. Man behauptete zwar, sie brächten nur „Gewächs sieht aus wie Wein;" aber was ging das mich an, durch eine solche Kleinigkeit ließ ich in meiner Freude mich nicht stören.

Schloss Sanssouci machte in seiner grandiosen Einfachheit einen Eindruck auf mich, den ich nicht versuchen will durch

Werte wiederzugeben. Im Sterbezimmer des großen Königs stand noch alles, wie es in jener verhängnisvollen ernsten Stunde vor einem Jahre gestanden. Leisen Schrittes näherte ich mich dem Armsessel vor dem Kamin, in welchem die peinlich drückenden Fesseln des Lebens von dem Helden seines Jahrhunderts endlich abgefallen waren; ein lautes Wort wäre hier mir unmöglich, es nur zu hören unerträglich gewesen; doch niemand unterbrach die heilige Stille, es war, als ob alle Gegenwärtigen noch unter dem Einfluss des hohen Geistes sich fühlten, der cinst hier gewaltet.

Leichtfüßig schweifte ich in den Gärten umher, die ich in solcher Pracht noch nie gesehen; lachte den dickköpfigen chinesischen Pagoden ins Gesicht, die in einem Pavillon mich nickend begrüßten, wunderte mich über die übermäßigen Vergoldungen in einem andern, sah die berüchtigte Windmühle von Weitem, deren Flügel ebenfalls vergolden zu lassen ein Spottvogel einst dem König geraten, blieb vor den Marmorbildern wie eingewurzelt stehen und meinte endlich ins Feenreich versetzt zu sein, als ich die Orangerie in voller Blüte, die wunderbaren Palmen und Bäume aus südlichen Zonen, die Fülle der in unglaublichem Farbenglanz prangenden fremden Blumen erblickte, die mit wahrhaft königlicher Pracht in Treibhäusern gepflegt wurden, deren Möglichkeit in solcher Größe und Vollkommenheit mir nie in den Sinn gekommen war.

Unfern des Schlosses, in einer von hohen Bäumen und düsterem Gebüsch umschatteten Ecke des Gartens erblickte ich mehrere kleine Leichensteine mit Bello, Diana, Bijou und ähnlichen Hundenamen bezeichnet. Es waren die Gräber der zierlichen Windspiele, einst die vierfüßigen Lieblinge des gewaltigen Herrschers über Millionen, die er im bitteren Unmut für seine »einzig getreuen Freunde« oft erklärt hatte. Wie schwarz und schwer, wie so ganz trostlos muss in jener Stunde Menschenverachtung seinen hohen Sinn gebeugt haben, in der er den Wunsch äußern konnte, hier in ihrer Mitte einst begraben zu werden.

Übrigens mag aber auch mancher Mensch das Schicksal dieser zierlichen Tierchen mit Neid betrachtet haben; sie führten ein köstliches Leben, überall war ihnen weich gebettet. Im Zimmer des Königs durften sie jede ersinnliche Freiheit sich herausnehmen, wovon Sofas und Sessel noch Beweise lieferten, und bei schlechtem Wetter fuhren sie in königlicher Equipage spazieren, um die niedlichen Pfötchen nicht zu beschmutzen. Der sie begleitende Page nahm dann im Wagen den Rücksitz ein und überließ ihnen den bequemen Ehrenplatz; auch redete er nur in der dritten Person des Plurals sie an: Mylord! Wo denken Sie hin? Ist das auch ein schickliches Betragen? Marquis, halten Sie doch Frieden! Comtesse! Wer wird denn so bellen?

Nicht in sausendem Galopp, aber doch auf gebahnten, ich glaube gar auf Chausseewegen, ging es einstweilen auf Kassel zu, und dann immer weiter – nach Paris, das wenigstens im Fluge mir zu zeigen Ritter Zimmermann meinen Mann bewogen hatte, wofür ich noch bis zu dieser Stunde ihm dankbar verpflichtet mich fühle.

In Höxter, einem kleinen Orte zwischen Pyrmont und Kassel, hemmte ein Gedränge vieler Leute vor dem Posthaus uns den Weg; es war noch sehr früh am Tag, ein hübsches sechzehnjähriges Kind, die Tochter eines Kaufmanns dem Posthaus gegenüber, tritt singend heraus, um die Fensterläden an ihres Vaters Haus zu öffnen, ein übermäßig hochbeladener Erntewagen kommt im nämlichen Augenblick die Straße herab, schlägt um! – ehe die unruhig gewordenen Pferde abgespannt, der Wagen aufgerichtet, die Ladung fortgeschafft werden kann, ist die Unglückliche erstickt. Wenig oder gar nicht entstellt sah ich sie an uns vorüber in das väterliche Haus tragen und wandte erschüttert und trauernd von dem Anblick mich ab, den ich lange nicht vergessen konnte. Noch jetzt muss ich vor jedem Erntewagen unwillkürlich zurücktreten, der mir begegnet.

Das Marmorbad in Kassel blendete mich durch nie gesehene Pracht. Den Winterkasten auf Weißenstein aber, wie damals die jetzige Wilhelmshöhe genannt wurde, war ich bereit, mitsamt seinem Herkules für das achte Wunder der Welt anzuerkennen. Die rohe fantastische Größe dieses kaum zur Hälfte vollendeten Riesenbaus stand wie ein kolossales Traumbild aus einer, ich wusste nicht ob überirdischen oder unterirdischen Wunderwelt vor mir. Mag man immerhin geschmacklos mich schelten, ich hoffe, unsere neue überschwängliche Zeit wird sich nie bis zu der Höhe versteigen, es untergehen lassen zu wollen.

Beim Abschied stattete ich noch den Herren Pythagoras, Solon, Demokrit und wie sie weiter noch heißen, in ihren damaligen respektiven Sommerwohnungen auf dem Weißenstein einen kurzen Besuch ab, einen andern desgleichen in Dassel selbst den wächsernen Landgrafen und Gräfinnen, die damals angetan in Prachtgewändern, die sie, als sie noch lebten, getragen, Tag und Nacht im Museum nebeneinandersaßen und Hof hielten.

In Frankfurt wehte ein Hauch vaterländischer Luft mir entgegen. Die schmalen Straßen, die hohen Häuser, die kleinen Schiffchen auf dem Main, alles erinnerte mich an Danzig und an das dortige, reichsstädtische Leben. Nur schien es mir enger und kleiner, die Gasthöfe und das große Gewühl abgehender und ankommender Reisenden ausgenommen. Damals rechnete man in Frankfurt auf jede Viertelstunde eine abgehende oder ankommende Extrapost. Dampfschiffe und Eilwagen haben die Zahl derselben zwar bedeutend vermindert, die Eisenbahnen werden mit der Zeit noch mehr dazu beitragen, aber die Zahl der Reisenden nimmt gewiss nicht ab. Die glückliche Lage der Stadt führt alles, was von Süden nach Norden, von Osten nach Westen will, durch sie hindurch, und jeder freut sich, einen angenehmen Ruhepunkt zu finden, wäre es auch nur für wenige Stunden. Statt der köstlichen Promenaden, die jetzt wie ein vollblühender Kranz Frankfurt umschlingen, das seitdem an Schönheit und Größe mit jedem Tage zugenommen hat und noch zunimmt, war es vor fünfzig Jahren noch festungsartig von traurigen Wällen umgeben, für mich eine Erinnerung mehr an meine liebe Vaterstadt.

Ich wurde des Reisens nicht müde; freilich war die Sommerhitze groß, aber wir hatten Mittel gefunden, ihr auszuweichen; wir kehrten am heißen Mittage im ersten leidlichen Gasthofe ein, schliefen ruhig einige Stunden, kleideten uns um, aßen gegen 5 Uhr zu Mittag und setzten dann in beginnender Abendkühle unsere Reise fort, die schöne kurze Sommernacht hindurch, dem Sonnenaufgang entgegen, bis die wieder zunehmende Hitze des Tages uns abermals bewog, ein schattendes Dach aufzusuchen.

So gelangten wir über Deutschlands Grenze hinaus nach Gent, nach Antwerpen, nach Lille, nach Brüssel, und ich will ehrlich gestehen, dass Bettler und Straßenjungen durch ihr Französischparlieren mir anfangs einigermaßen imponierten.

Endlich sah ich Paris! Paris, das Wunder der Welt! Oxhöfte voll Tinte sind seitdem in Beschreibungen desselben konsumiert worden. Der Gegenstand ist erschöpft, was lässt ohne ermüdende Wiederholung sich weiter darüber sagen, wenn der Autor nicht seine eigene Person zum Mittelpunkt erheben will, um den die Welt sich dreht?

Reise durch Vorderasien

Beirut, am 23. Januar 1934

Durch den Taurus zu fahren war wie eine Verwandlung, ein Szenenwechsel, der durch Galerien führte: mit Ausblicken auf Kaskaden und Wasserfälle, Stufen dunkler Wälder, Abstürze und schneegekrönte Häupter. Indessen fiel der Vorhang über Anatolien, und die neue Ebene öffnete sich, städtereich, zwischen Gebirgszügen und einer schönen Küste. Schon in Abendlicht gehüllt die düsteren Tells, die Aschen- und Scherbenhügel, rauchende arabische Dörfer an ihrem Fuß, und aufsteigend aus der lebendigen, nächtlichen, verführenden Stadt, streng und mit rieselnden Abhängen, mauerbewehrt, mit wuchtiger Torbrücke, die Zitadelle von Aleppo.

Jetzt, da ich im Begriff bin, Beirut zu verlassen, kommt es mir wie ein entscheidender Schritt vor. Das Leben hatte hier freundliche Formen, und ich konnte, was ich tat, dem Maßstab von ausgezeichneten Menschen unterwerfen. Ich war oft genug allein, hatte Zeit, meine Pläne streng zu erwägen, was nur am Anfang entmutigend sein kann, dann aber zu mancher Festigung verhilft.

Die einzige, furchtbar anwachsende Sorge ist nur, dass das Leben niemals ausreichen wird, eine einzige Anstrengung bis zu einem unanfechtbaren Ziel zu führen.

Dies ist überhaupt die größte Gefahr einer langen Reise: Da man beständig aufbricht oder die Zeit möglichst nützlich und ohne allzu große Entmutigungen ausfüllt bis zum nächsten Aufbruch und dann jedes Mal wieder abrechnet, als sei es endgültig, so ist man sich beständig bewusst, dass Tage derart vergehen und dann Monate, und dass das ganze Leben nur aus einer kleinen Zahl solcher Unternehmungen besteht. Ja, diese ganze, auf einer Reise verbrachte Zeit zeigt nur ein wenig unverkleideter und zusammengedrängt, wie wir unser ganzes Dasein verbringen: Anfangs überschwänglich und mit zahlreichen und großen Absichten, bald zufrieden mit den Realisationen am Wege, selten mit einem festumrissenen Ziel, noch seltener sicher über dessen Wert; auf unsere innere und äußere Würde bedacht und darüber hinaus auf Harmonie mit dem, was wir lieben – und dies zu erreichen, ist schon viel.

Im gewöhnlichen Leben scheint natürlich alles fester und nicht vorübergehend; das Bewusstsein des „Episodenhaften" verliert sich, man glaubt leichter, dass jeder Tag zu einer Zukunft beitrage, und man vergisst, dass diese Zukunft eines Tages oder Nachts ihr unwiderrufliches Ende hat. Wer aber weiß, was dann noch zählt!

Es liegt am Zustand der Welt, dass man sich der Gefährdungen, Zufälligkeiten, Beschränkungen, die sich in den Ablauf eines kurzen Lebens mischen, so bewusst ist: Man weiß, dass sich die Welt unausweichlichen und großen Veränderungen nähert, aber man weiß nicht, wie man sie überstehen wird. Deshalb ist man für jede ungestörte und leidlich friedlich überstandene Episode dankbar.

So ist das Leben

tapfer,

... und so muss man es nehmen,

unverzagt und lächelnd –

trotz alledem.

Rosa Luxemburg

Einflüsse des Enthusiasmus auf das Glück

Es ist Zeit, von der Glückseligkeit zu reden! Ich habe dies Wort mit großer Besorgnis zurückgehalten, weil man besonders seit einem Jahrhundert die Glückseligkeit in so grobe Freuden, in ein so selbstisches Leben, in so beengte Berechnungen platziert hat, dass selbst ihr Bild entweiht worden ist. Aber man kann dennoch mit Vertrauen sagen, von allen Gefühlen sei der Enthusiasmus dasjenige, was die meiste Glückseligkeit gewährt, das einzige, das sie wahrhaft gewährt, das einzige, das uns befähigt, das menschliche Geschick in allen Lagen zu ertragen, in die uns das Schicksal versetzen kann.

Gewisse Schwätzer sagen, der Enthusiasmus mache das Alltagsleben unschmackhaft; und da man sich nicht immer in dieser Stimmung befinde, so sei es besser, sie niemals kennenzulernen. Wohlan, warum haben sie sich denn gefallen lassen, jung zu sein und selbst zu leben, da dies doch nicht immer dauern kann? Warum haben sie – wofern ihnen jemals dergleichen begegnet sein sollte – geliebt, da der Tod sie trennen konnte von den Gegenständen ihres Wohlwollens? Welche traurige Wirtschaft, die man mit der Seele treibt! Sie ist uns gegeben worden, damit sie entwickelt, vervollkommnet und zu einem edlen Zweck sogar verschwendet wird.

Je mehr man das Leben betäubt, je mehr man sich dem nur materiellen Dasein nähert, desto mehr, sagt man, werde die Macht zu leiden vermindert. Dies Argument verführt sehr viele Menschen. Eigentlich besteht die Kunst darin, so wenig wie möglich zu leben. Indessen liegt selbst in der Herabsetzung ein Schmerz, über den man sich keine Rechenschaft ablegt und der unablässig im Geheimen verfolgt. Die Langeweile, die Scham und selbst die Beschwerde, die er verursacht, werden durch die Eitelkeit in Frechheit und Verachtung verwandelt; aber sehr selten befindet man sich in dieser dürftigen und bornierten Lebensweise wohl, die alle Hilfsquellen abschneidet, wenn wir vom äußeren Glück verlassen werden. Der Mensch hat ein Bewusstsein für das Schöne wie für das Gute, und wenn die Abweichung von dem Letzteren ihm Gewissensbisse verursacht, so gibt der Verlust des Ersten ihm das Gefühl der Leere.

Man beschuldigt den Enthusiasmus der Flüchtigkeit. Das Dasein würde freilich allzu viel Glückseligkeit in sich tragen, wenn man so schöne Rührungen festhalten könnte; aber weil sie sich leicht zerstreuen, so muss man sie zu erhalten suchen. Poesie und schöne Künste dienen im Menschen zur Entwicklung dieser Glückseligkeit edlen Ursprunges, die matte Herzen auffrischt und an die Stelle einer unruhigen Lebenssattheit das habituelle Gefühl der göttlichen Harmonie bringt, von der die Natur und wir einen Teil ausmachen. Jede Pflicht, jede Freude, jedes Gefühl erhält von dem Enthusiasmus, ich weiß nicht welchen Schein der Übereinstimmung mit dem reinen Zauber der Wahrheit.

Wenn ein Buch erscheint – wie viel glückliche Augenblicke hat es dann schon demjenigen gewährt, der es nach seinem Herzen und als eine Handlung seines Gottesdienstes schrieb? Wie viel sanfte Tränen hat er nicht in der Einsamkeit über die Wunder des Lebens vergossen: über die Liebe, den Ruhm, die Religion? Und hat er nicht in seinen Träumereien die Luft genossen, wie der Vogel, die Wellen, wie ein lechzender Jäger, die Blüten, wie ein Liebender, der die Düfte einzusaugen glaubt, von denen seine Geliebte umgeben ist? In der Welt fühlt man sich oft niedergedrückt durch seine Fähigkeiten; man leidet durch den Gedanken, der Einzige seiner Gattung unter so vielen zu sein, die so wohlfeil leben. Allein das schöpferische Talent reicht, wenigstens auf Augenblicke, für alle unsere Wünsche aus; es hat seine Reichtümer und seine Kronen; es bietet unseren Blicken die lichten und reinen Bilder der idealen Welt dar, und seine Macht reicht bisweilen so weit, dass es in unserem Herzen die Stimme eines geliebten Gegenstandes zum Erklingen bringt.

Glauben diejenigen, die nicht mit einer enthusiastischen Fantasie begabt sind, die Erde zu kennen? Glauben sie, gereist zu sein? – Schlägt ihr Herz für das Echo der Berge? Hat die Luft des Südens sie mit ihrer holden Abspannung berauscht? Begreifen sie die Verschiedenheit der Länder, den Akzent und Charakter der fremden Sprachen? Enthül-

len ihnen Volksgesänge und Nationaltän-
ze die Sitten und den Genius der Gegend?
Reicht eine einzige Sensation hin, um in ihnen eine
Menge Erinnerungen zu wecken?

Die Freude an Schauspielen ist allgemein; denn die meisten
Menschen haben mehr Einbildungskraft, als sie glauben,
und was sie als reizendes Vergnügen betrachten – als eine
Art von Schwachheit, die mit der Kindlichkeit in Verbindung steht – ist oft das Beste in ihnen; in Gegenwart der
Dichtungen sind sie wahr, natürlich, gerührt, während sie
in der Welt von Verstellung, Berechnung und Eitelkeit in
Worten, Gefühlen und Handlungen geleitet werden. Aber
glauben denn diese Menschen, für die die Darstellung der
tiefsten Gefühle nichts weiter ist als eine belustigende
Zerstreuung – glauben denn diese alles, was eine wahrhaft
schöne Tragödie einflößt, empfunden zu haben? Haben sie
auch nur eine Ahnung von der köstlichen Unruhe, in die
Leidenschaften führen, die durch die Poesie geläutert sind?
Ach, wie viel Freuden gewähren uns Dichtungen! Sie ziehen uns an, ohne in uns weder Gewissensbisse noch Furcht
anzuregen, und die Empfindsamkeit, die sie entwickeln,
hat nicht jene schmerzhafte Herbheit, die von allen wahren
Empfindungen beinahe unzertrennlich ist!

Welche Magie borgt nicht die Sprache der Liebe von der
Poesie und den schönen Künsten? Wie schön ist es, mit

dem Herzen und mit dem Gedanken zu lieben und so auf tausendfache Art ein Gefühl zu verändern, das sich durch ein Wort ausdrücken lässt und gegen das alle Worte der Welt doch nur eine Erbärmlichkeit sind! Sie zu durchdringen mit den Meisterstücken der Einbildungskraft, die sämtlich die Liebe loben, und in den Wundern der Natur und des Genies einige Ausdrücke mehr zur Offenbarung des eigenen Herzens zu finden!

Was können die Männer empfunden haben, die die Frau, die sie liebten, nicht zugleich bewunderten, deren Gefühl nicht ein Hymnus des Herzens war, für die Anmut und Schönheit nicht das himmlische Bild der rührendsten Zuneigungen waren? Was das Weib, das in dem Gegenstand ihrer Wahl nicht einen überlegenen Beschützer, einen starken und sanften Führer, erkannte, dessen Blick zugleich gebietet und fleht und der auf seinen Knien das Recht empfängt, über unser Schicksal zu verfügen? Welch unsägliche Entzückungen mischen nicht ernste Gedanken in die allerlebhaftesten Eindrücke! Die Zärtlichkeit des Freundes, dem unser Glück anvertraut ist, soll uns am Rande des Grabes wie in den schönen Tagen der Jugend beseligen; und alles, was das Dasein Feierliches hat, verwandelt sich in köstliche Rührung, wenn die Liebe, wie bei den Vorfahren, die Flamme des Lebens anzuzünden und auszulöschen berufen ist.

Wenn der Enthusiasmus die Seele mit Seligkeit berauscht, so stärkt er durch eigentümliche Wunderkraft auch im Unglück; er lässt, ich weiß nicht welche lichte und tiefe Spur zurück, die selbst der Trennung nicht gestattet, uns aus dem Herzen unserer Freunde zu reißen. Uns selbst dient er zum Zufluchtsort gegen die bittersten Leiden, und von allen Gefühlen ist er das einzige, das beruhigt, ohne zu erkalten.

Die einfachsten Neigungen, die, welche die Herzen empfinden zu können glauben, die mütterliche Liebe, die kindliche Liebe – kann man sich wohl einbilden, sie in ihrer ganzen Fülle erkannt zu haben, wenn sie ohne einen Zusatz von Enthusiasmus geblieben sind? Wie kann man den Sohn lieben, ohne zu denken, er werde edel und stolz sein, ohne ihm den Ruhm zu wünschen, der sein Leben vervielfältigen, der denselben Namen, den unser Herz wiederholt, von allen Seiten her ertönen lassen wird? Warum sollte man nicht die Talente eines Sohnes, den Zauber einer Tochter mit Entzücken genießen? Welche auffallende Undankbarkeit gegen die Gottheit würde in der Gleichgültigkeit gegen ihre Gaben liegen! Stammen sie denn nicht vom Himmel, da sie es uns leichter machen, dem von uns geliebten Gegenstande zu gefallen?

Und wenn irgendein Unglück unserem Kinde solche Vorzüge raubte, so würde dasselbe Gefühl eine andere Gestalt annehmen; es würde in uns das Mitleid, die Sympathie, das Glück, notwendig zu sein, erhöhen. Unter allen Umständen beseelt und tröstet der Enthusiasmus; und selbst dann, wenn der grausamste Streich uns trifft, wenn wir den verlieren, den uns das Leben gegeben hat, den, den wir als unseren Schutzengel liebten und der uns zugleich Achtung ohne Furcht und ein grenzenloses Vertrauen einflößte – selbst dann kommt uns der Enthusiasmus zu Hilfe; er sammelt in unserer Brust einige Feuer der Seele, die zum Himmel entflohen ist; wir leben in ihrer Gegenwart und nehmen uns vor, einst die Geschichte seines Lebens zu schreiben. Niemals, glauben wir, niemals werde uns seine väterliche Hand ganz in dieser Welt verlassen.

Endlich, wenn der große Kampf sich einstellt, wenn nun auch wir mit dem Tode ringen müssen: Dann schmerzt ohne Zweifel die Kraftlosigkeit unserer Fähigkeiten, der Verlust unserer Hoffnungen, dies sich verfinsternde, bisher so stark gefühlte Leben, diese Menge von Gefühlen und Ideen, die in unserem Herzen wohnten und die nun das dunkle Grab umschließen soll, diese Angelegenheiten, die Zuneigungen, diese Existenz, die sich vor ihrem Verschwinden in ein Phantom verändert – alles das, sag ich, schmerzt, und der gewöhnliche Sterbliche scheint beim letzten Atemzuge weniger zu sterben. Aber Gott sei gelobt für die Hilfe, die er uns auch in diesem Augenblick angedeihen lässt! Unsere Worte werden ungewiss sein, unsere Augen nicht mehr das Licht schauen, unsere Gedanken, sonst in Klarheit verbunden, vereinzelt auf verworrenen Spuren umherirren: Aber der Enthusiasmus wird uns nicht verlassen; seine glänzenden Fittiche werden über unserem Sterbebette schweben, er selbst wird uns des Todes Schleier lüften und uns die Augenblicke zurückrufen, wo wir, voll Lebenskraft, gefühlt haben, dass unser Herz unvergänglich sei, und unsere letzten Seufzer werden vielleicht wie ein edler Gedanke sein, der zum Himmel aufsteigt.

Briefe aus dem Gefängnis

Wronke, 15. Januar 1917

… ach, heute gab es einen Augenblick, da ich's bitter spürte. Der Pfiff der Lokomotive um 03:19 sagte mir, dass Mathilde abdampft, und ich lief gerade wie ein Tier im Käfig den gewohnten „Spaziergang" an meiner Mauer entlang, hin und zurück, und mein Herz krampfte sich zusammen vor Schmerz, dass ich nicht auch fort von hier kann, o, nur fort von hier! Aber das macht nichts, mein Herz kriegte gleich darauf einen Klaps und musste kuschen; es ist schon gewöhnt, zu parieren wie ein gut dressierter Hund. Reden wir nicht von mir.

Sonitschka, wissen Sie noch, was wir uns vorgenommen haben, wenn der Krieg vorbei ist? Eine Reise zusammen nach dem Süden. Und wir tun das! Ich weiß, Sie träumen davon, mit mir nach Italien zu gehen, das Ihnen das Höchste ist. Ich plane hingegen, Sie nach Korsika zu schleppen. Das ist noch mehr als Italien. Dort vergisst man Europa, wenigstens das moderne Europa. Denken Sie sich eine breite, heroische Landschaft mit strengen Konturen der Berge und Täler, oben nichts als kahle Felsklumpen von edlem Grau, unten üppige Oliven, Lorbeerkirschen und uralte Kastanienbäume. Und über allem eine vorweltliche Stille – keine Menschenstimme, kein Vogelruf, nur ein Flüsschen schlickert irgendwo zwischen Steinen, oder in der Höhe raunt zwischen Felsklippen der Wind – noch derselbe,

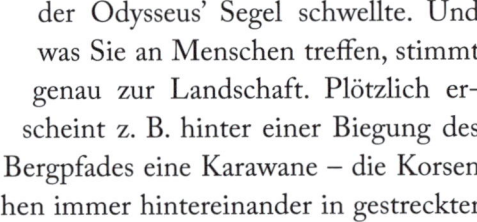

der Odysseus' Segel schwellte. Und was Sie an Menschen treffen, stimmt genau zur Landschaft. Plötzlich erscheint z. B. hinter einer Biegung des Bergpfades eine Karawane – die Korsen gehen immer hintereinander in gestreckter Karawane, nicht im Haufen wie unsere Bauern. Vorne läuft gewöhnlich ein Hund, dann schreitet langsam etwa eine Ziege oder ein mit Säcken voller Kastanien beladenes Eselchen, dann folgt ein großes Maultier, auf dem eine Frau im Profil zum Tiere mit gerade herabhängenden Beinen sitzt, ein Kind in den Armen. Sie sitzt hoch aufgerichtet, schlank wie eine Zypresse, unbeweglich, daneben schreitet ein bärtiger Mann in ruhiger, fester Haltung, beide schweigen. Sie würden schwören: Es ist die Heilige Familie. Und solche Szenen treffen Sie dort auf jeden Schritt. Ich war jedes Mal so ergriffen, dass ich unwillkürlich in die Knie sinken wollte, wie ich's immer vor vollendeter Schönheit muss. Dort ist noch die Bibel lebendig und die Antike. Wir müssen hin, und so wie ich's getan: zu Fuß die ganze Insel durchqueren, jede Nacht an einem anderen Ort ruhen, jeden Sonnenaufgang schon im Wandern begrüßen. Lockt Sie das? Ich wäre glücklich, Ihnen diese Welt vorzuführen …

Lesen Sie viel, Sie müssen auch geistig vorwärtskommen, und Sie können das – Sie sind noch frisch und biegsam. Und nun muss ich schließen. Seien Sie heiter und ruhig an diesem Tage.

Ihre Rosa

Wronke, 19. April 1917

Ich habe mich gestern über Ihren Kartengruß herzlich gefreut, obwohl er so traurig klang. Wie möchte ich jetzt bei Ihnen sein, um Sie wieder zum Lachen zu bringen wie damals nach Karls Verhaftung, als wir beide – wissen Sie noch? – im Café Fürstenhof durch unsere übermütigen Lachsalven einiges Aufsehen erregten. Wie war das damals schön – trotz alledem! Unsere tägliche Jagd am frühen Morgen auf ein Automobil auf dem Potsdamer Platz, dann die Fahrt zum Gefängnis durch den blühenden Tiergarten in die stille Lehrter Straße mit den hohen Rüstern, dann auf dem Rückweg das obligate Absteigen im Fürstenhof, dann Ihr obligater Besuch bei mir in Südende, wo alles in der Maipracht stand, die gemütlichen Stunden in meiner Küche, wo Sie und Mimi am weiß gedeckten Tischchen geduldig auf die Erzeugnisse meiner Kochkunst warteten (wissen Sie noch die feinen haricots verts à la Parisienne? …). Zu alledem habe ich die lebhafte Erinnerung eines unveränderlich strahlenden heißen Wetters, und nur bei einem solchen hat man ja das richtige freudige Frühlingsgefühl. Dann abends meine obligaten Besuche bei Ihnen, in Ihrem lieben Zimmerchen – ich habe Sie so gern als Hausfrau, das steht Ihnen so besonders lieb, wenn Sie mit Ihrem Backfischfigürchen, am Tisch stehend, Tee einschenken – und schließlich um Mitternacht unsere gegenseitige Begleiterei nach Hause durch die duftenden dunklen Straßen! Erinnern Sie sich noch der fabelhaften Mondnacht in Südende, in der ich Sie heimbegleitete und uns die Häusergiebel mit ihren schroffen schwarzen Konturen auf dem Hintergrund der süßen Himmelsbläue wie alte Ritterburgen vorkamen? Sonjuscha, so möchte ich ständig um Sie sein, Sie zerstreuen, mit Ihnen plaudern oder schweigen, damit Sie nicht in Ihr düsteres, verzweifeltes Brüten verfallen. Sie fragen in Ihrer Karte: „Warum ist alles so?" Sie Kind, „so" ist eben das Leben seit jeher, alles gehört dazu: Leid und Trennung und Sehnsucht. Man muss es immer mit allem nehmen und alles schön und gut finden. Ich tue es wenigstens so. Nicht durch ausgeklügelte Weisheit, sondern einfach so aus meiner Natur. Ich fühle instinktiv, dass das die einzige richtige Art ist, das Leben zu nehmen, und fühle mich deshalb wirklich glücklich in jeder Lage. Ich möchte auch nichts aus meinem Leben missen und nichts anders haben, als es war und ist. Wenn ich Sie doch zu dieser Lebensauffassung bringen könnte! …

Ich habe Ihnen noch nicht für das Bild Karls gedankt. Wie haben Sie mich damit erfreut! Es war wirklich das schönste Geburtstagsgeschenk, das Sie mir geben konnten. Es steht im guten Rahmen auf dem Tisch vor mir und verfolgt mich überall mit seinen Blicken (Sie wissen, es gibt Bilder, die einen anzuschauen scheinen, wo man sie auch hinstellt). Das Bild ist ausgezeichnet getroffen. Wie muss Karl sich jetzt über die Nachrichten aus Russland freuen! Aber auch Sie persönlich haben Grund, fröhlich zu sein: Nun wird ja der Reise Ihrer Mutter zu Ihnen wohl nichts im Wege stehen! Haben Sie das schon ins Auge gefasst? Ihretwegen wünsche ich dringend Sonne und Wärme herbei. Hier steht noch alles erst in Knospen und gestern hatten wir Schneegraupen. Wie mag es wohl in meiner „südlichen Landschaft" in Südende aussehen? Voriges Jahr standen wir beide dort vor dem Gitter und Sie bewunderten die Fülle des Flors …

Sie sollen sich nicht mit Briefen abquälen. Ich will Ihnen häufig schreiben, mir genügt aber vollkommen, wenn Sie einen kurzen Gruß auf einer Postkarte schicken! Seien Sie viel im Freien, botanisieren Sie viel. Haben Sie den kleinen Blumenatlas von mir mit? Seien Sie ruhig und heiter, Liebste, alles wird gut gehen! Sie werden sehen!

Ich umarme Sie vielmals und herzlich

stets

Ihre Rosa

Wronke. 19. Mai 1917

… wie schön ist es jetzt hier! Alles grünt und blüht. Die Kastanienbäume sind in frischem herrlichen Laubschmuck, die Zierjohannisbeeren haben gelbe Sternchen, die Zierkirsche mit dem rötlichen Laub blüht auch schon und der Faulbaum wird nächstens blühten. Ich habe heute von Luise Kautsky, die mich besucht hat, zum Abschied einen Haufen Vergissmeinnicht und Stiefmütterchen gekriegt und sie selbst eingepflanzt! Zwei runde Klümpchen und eine gerade Linie dazwischen, immer abwechselnd Vergissmeinnicht und Stiefmütterchen – alles steht so fest; ich traue kaum meinen Augen, denn ich habe zum ersten Mal im Leben gepflanzt und alles ist gleich so gelungen. Gerade zu Pfingsten werde ich so viel Blumen vor dem Fenster haben!

Vögel gibt es jetzt hier eine Menge neue, jeden Tag lerne ich wieder einen kennen, den ich nie gesehen hatte. Ach, wissen Sie noch, damals im Botanischen mit Karl in der Frühe, als wir die Nachtigall hörten, da sahen wir auch einen so großen Baum, der noch ganz ohne Laub, aber massenhaft mit kleinen leuchtend weißen Blüten bedeckt war; wir zerbrachen uns den Kopf, was denn das sei, denn es war klar, dass es kein Obstbaum war, und die Blüten waren auch etwas seltsam. Jetzt weiß ich! Das ist eine Silberpappel und diese Blüten sind keine Blüten, sondern junge Blättchen. Das erwachsene Blatt der Silberpappel ist nämlich nur unten weiß, oben dunkelgrün, die jungen aber sind noch beiderseits mit weißem Flaum bedeckt und leuchten in der Sonne wie weiße Blüten. Solch eine große Pappel steht hier in meinem Gärtlein und auf ihr sitzen mit Vorliebe alle Singvögel. Damals, am gleichen Tage, wart Ihr beide bei mir abends, erinnern Sie sich noch? Es war so schön; wir lasen uns etwas vor, und um Mitternacht, als

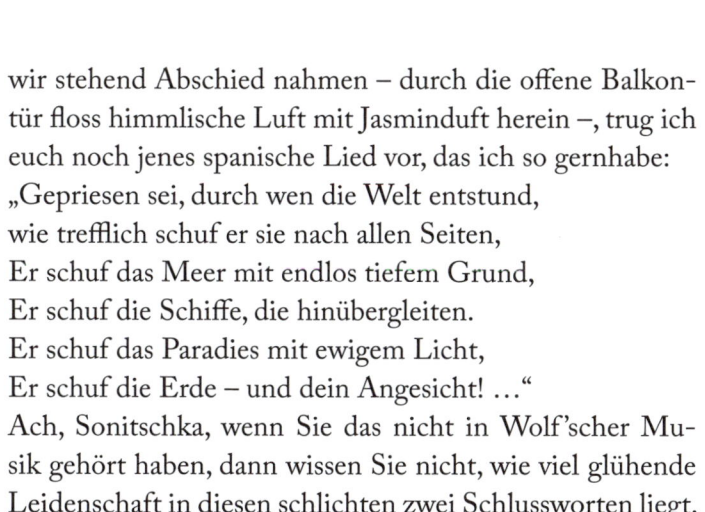

wir stehend Abschied nahmen – durch die offene Balkon-
tür floss himmlische Luft mit Jasminduft herein –, trug ich
euch noch jenes spanische Lied vor, das ich so gernhabe:
„Gepriesen sei, durch wen die Welt entstund,
wie trefflich schuf er sie nach allen Seiten,
Er schuf das Meer mit endlos tiefem Grund,
Er schuf die Schiffe, die hinübergleiten.
Er schuf das Paradies mit ewigem Licht,
Er schuf die Erde – und dein Angesicht! …"
Ach, Sonitschka, wenn Sie das nicht in Wolf'scher Mu-
sik gehört haben, dann wissen Sie nicht, wie viel glühende
Leidenschaft in diesen schlichten zwei Schlussworten liegt.
Jetzt, während ich das schreibe, ist eine große Hummel ins
Zimmer geflogen und füllt es mit tiefem Brummen. Wie
schön das ist, welche tiefe Lebensfreude liegt in diesem sat-
ten Ton, der von Fleiß und Sommerhitze und Blumenduft
vibriert.
Sonitschka, seien Sie heiter und schreiben Sie bald, bald,
ich habe Sehnsucht.
Ihre Rosa

In den Kletterrosen

Ich möchte, dass die Menschen, unter denen ich meinen Sommer verlebt habe, ihre Blicke auf diese Zeilen fallen ließen. Jetzt, da die Kälte und die dunklen Nächte gekommen sind, möchte ich ihre Gedanken gern zu der hellen warmen Jahreszeit zurückführen.

Vor allem möchte ich sie an die Kletterrosen, welche die Veranda umrankten, erinnern, an die feinen, ein wenig spärlichen Blätter der Rosa Bengalensis, die sich im Sonnenschein wie beim Mondlicht in dunkelgrauen Schatten auf dem hellgrauen Steinfußboden abzeichneten und über alles draußen einen lichten Spitzenschleier warfen, und an ihre großen, hellen Riesenblumen mit den zerfetzten Rändern.

Andere Sommer erinnern mich an Kleefelder oder an Birkenhain, auch an Astrachanäpfel und Beerensträucher, dieser Sommer aber hat seinen Charakter von den Kletterrosen erhalten. Die hellen, empfindlichen Knospen, die weder Wind noch Regen vertrugen, die leicht schwankenden hellgrünen Jahrestriebe, der großartige Blütenreichtum, die munter summenden Insektenscharen, alles dieses wird mich begleiten und in seiner ganzen Pracht vor mir aufsteigen, wenn ich an den Sommer, den rosigen, feinen, zarten Sommer zurückdenke.

Jetzt, da die Arbeitszeit gekommen ist, werde ich oft gefragt, womit ich meinen Sommer zugebracht habe. Da entschwindet alles andere meinem Gedächtnis, und es kommt mir vor, als hätte ich tagaus, tagein draußen auf der Veranda hinter den Kletterrosen gesessen und Duft und Sonnenschein eingesogen. Was ich dort getan? Oh, ich sah zu, wie andere arbeiteten.

Es gab dort eine kleine Tapeziererbiene, die vom Morgen bis Abend, vom Abend bis Morgen arbeitete. Aus den weichen grünen Blattscheiben sägte sie mit ihren scharfen Kiefern ein kleines zierliches Oval aus, rollte es zusammen, wie man eine richtige Tapete zusammenrollt, und flog, die kostbare Bürde fest an sich gedrückt, nach dem Parke hin, wo sie sich auf einem alten Baumstumpfe niederließ. Dort vertiefte sie sich in dunkle Gänge und geheimnisvolle Galerien, bis sie schließlich den Boden eines lotrechten Schachtes erreichte. In seiner unbekannten Tiefe, in welche sich weder eine Ameise noch ein Tausendfuß je hineingewagt, breitete sie die grüne Blattrolle aus und bedeckte den unebenen Fußboden mit dem schönsten Teppich. Und wie der Boden bedeckt war, holte die Biene neue Blattscheiben, um die Wände des Schachtes zu bekleiden, und sie arbeitete so flink und eifrig, dass es bald in der Rosenhecke kein Blatt mehr gab, aus dem nicht ein Oval herausgeschnitten gewesen wäre und das nicht Zeugnis davon abgelegt hätte, dass es zur Ausschmückung des alten Baumstumpfes habe beitragen müssen.

Eines schönen Tages wechselte die kleine Biene ihre Beschäftigung. Sie bohrte sich tief in die dicht umeinanderliegenden Blumenblätter der Riesenrosen ein, sog und trank alles, was ihr diese schönen Vorratskammern boten, aus, und wenn sie dann den Mund ganz voll hatte, eilte sie fort nach dem alten Baumstumpfe, um die eben tapezierte Kammer mit dem klarsten Honig zu füllen.

Doch der kleine Rosenblattschneider war nicht der Einzige, der draußen in der Rosenhecke arbeitete. Es gab dort auch eine Spinne, eine ganz unvergleichliche Spinne. Sie war größer, als ich je eine Spinne gesehen hatte, sie war hellorangefarben mit einem deutlich punktierten Kreuz auf dem Rücken, und sie hatte acht lange rot und weiß gestreifte Beine, die alle ebenso hübsch gezeichnet waren. Die Spinne hättet ihr sehen sollen! Jeder Faden wurde mit der äußersten Sorgfalt gezogen, von den ersten, die nur zur Befestigung und als Halt dienten, an bis zu den innersten feinen Netzfäden. Und ihr hättet sie an den dünnen Fäden entlangbalancieren sehen sollen, wenn es galt, eine Fliege zu greifen, oder ihren Thron in der Mitte des Netzes einnehmen, um dort regungslos und geduldig stundenlang zu warten.

Diese große orangefarbene Spinne gewann mein Herz: Sie war so geduldig und so weise. Jeden Tag hatte sie ihr kleines Scharmützel mit dem Rosenblattschneider, und stets zog sie sich mit demselben unfehlbaren Takte aus der Affäre. Die Biene, deren Weg dicht an ihr vorüberführte, blieb immer wieder im Netze hängen. Sofort begann sie, dort zu summen und zu kratzen, riss an dem feinen Netze und gebärdete sich wie eine Verrückte, was natürlich die Folge hatte, dass sie sich immer mehr darin verirrte und das klebrichte Gewebe sich ihr sowohl um die Beine wie um die Flügel schlang.

Sowie die Biene ermattet und erlahmt war, kroch die Spinne zu ihr hin. Sie blieb stets in respektvoller Entfernung, aber mit der äußersten Spitze eines ihrer eleganten rot gestreiften Beine gab sie der Biene einen kleinen Stoß, dass diese sich in dem Netz drehte. Und wenn die Biene sich wieder müde gesummt und getobt hatte, erhielt sie von Neuem einen ganz sanften Knuff und dann wieder einen und noch einen, bis sie sich wie ein Kreisel drehte, sich vor Wut nicht zu lassen wusste und so schwindelig wurde, dass sie sich nicht zur Wehr setzen konnte. Dabei aber drehten sich die Fäden, welche sie festhielten, immer mehr zusammen, die Spannung wurde so groß, dass sie rissen, und die Biene fiel auf die Erde. Ja, das hatte die Spinne natürlich gewollt.

Und dieses Kunststück wiederholten die beiden Tag für Tag, solange die Biene in der Rosenhecke Arbeit hatte. Nie lernte der kleine Tapezierer sich vor dem Spinnennetz in Acht nehmen, und nie zeigte die Spinne Zorn oder Ungeduld. Ich hatte sie wirklich alle beide gern, die eifrige, zottige kleine Arbeiterin wie die große, schlaue, alte Jägerin.

Große Ereignisse gab es auf dem Gute mit den Kletterrosen nicht oft. Zwischen dem Spalier hindurch konnte man den kleinen See in der Sonne glänzen sehen. Und das war ein See, der zu klein war und zu eingeschlossen lag, um sich zu wirklichen Wellen erheben zu können, doch bei jeder schwachen Kräuselung auf dem grauen Spiegel flogen Tausende von kleinen Funken auf, die auf den Wellen glitzerten und spielten, als sei die ganze Tiefe voller Feuer, das nicht herauskönne. Und so war es auch mit dem Sommerleben dort draußen, gewöhnlich war es so still, doch kam auch nur der allergeringste kleine Windhauch oh, wie konnte es dann schimmern und glänzen!

Und es bedurfte keiner großen Ereignisse, um uns fröhlich zu stimmen. Eine Blume oder ein Vogel konnte uns stundenlang Freude machen, und nun gar erst der kleine Rosenblattschneider. Ich werde nie vergessen, wie von Herzen froh ich einmal seinetwegen war.

Die Biene hatte, wie gewöhnlich, im Spinnennetz festgesessen, und die Spinne hatte ihr, wie gewöhnlich, beim Losmachen geholfen, aber sie war so fest darin verwickelt gewesen, dass sie sich ganz außerordentlich lange hatte im Kreise drehen müssen und sehr zahm und unterwürfig ausgesehen hatte, als sie fortflog. Ich beugte mich vor, um zu sehen, ob das Spinnennetz großen Schaden gelitten habe. Das hatte es denn glücklicherweise nicht, dagegen aber war darin eine kleine gelbe Larve hängen geblieben, ein kleines, fadendünnes Ungetüm, das nur aus Kiefern und Klauen bestand und dessen Anblick mich aufregte, wirklich aufregte. Oh, ich kannte sie, diese Sommerkäferlarven, die zu Tausenden auf die Blumen hinaufkriechen und sich unter den Kronenblättern verbergen. Ja, ich kannte sie und bewunderte sie auch, diese beharrlichen, schlauen Schmarotzer, die im Verborgenen warten, immer nur warten, sollte es auch Wochen dauern, bis eine Biene kommt, in deren schwarz-gelben Pelz sie kriechen können. Und ich wusste von ihrer hassenswerten Geschicklichkeit, mit der sie, gerade in dem Augenblicke, wenn der kleine Zellenbauer einen Raum mit Honig gefüllt hat und oben darauf das Ei liegt, aus dem der rechtmäßige Besitzer des Honigs und der Zelle hervorkommen soll, auf das Ei hinunterkriechen und unter eifrigem Balancieren darauf wie auf einem Boote sitzen bleiben; denn gerieten sie in den Honig hinein, so würden sie ertrinken. Und indes die Biene die fingerhutähnliche Wohnung mit einem grünen Dache zudeckt und das Junge vorsichtig einschließt, reißt die gelbe Larve mit ihren scharfen Kiefern das Ei auf und verzehrt seinen Inhalt, während die Eierschale ihr noch immer als Fahrzeug auf dem gefährlichen Honigsee dienen muss.

Doch nach und nach wird das dünne gelbe Insekt platt und groß und kann selbst auf dem Honig schwimmen und davon trinken, und wenn die Zeit da ist, kommt ein fetter schwarzer Käfer aus der Bienenzelle. Doch für den hat die kleine Biene gewiss nicht arbeiten wollen, und wie schlau und beharrlich der Käfer sich auch betragen hat, so ist er doch nur ein fauler Schmarotzer, der keine Barmherzigkeit verdient.

Und meine Biene, meine eigene fleißige kleine Biene war mit solch einem gelben Schmarotzer am Platz umhergeflogen. Doch während die Spinne sie im Kreise gedreht, hatte er losgelassen und war in das Spinnennetz gefallen, und nun kam die große Orangefarbene, gab ihm einen Stich mit dem Giftstachel und verwandelte ihn in einem Augenblick in ein Skelett ohne Leben und Inhalt.

Und wie die kleine Biene wiederkam, glich ihr Summen einer Hymne auf das Leben.

„O du schönes Leben", sagte sie, „ich danke dir, dass die fröhliche Arbeit unter Rosen und Sonnenschein auf mein Los gefallen ist. Ich danke dir, dass ich dich ohne Angst und Furcht genießen kann. Wohl weiß ich, dass Spinnen lauern und Käfer stehlen, doch mein ist die fröhliche Arbeit und die mutige Sorglosigkeit. O du schönes Leben, du herrliches Dasein!"

Freude

Als Tina Turner zum ersten Mal in meiner Sendung auftrat, hätte ich am liebsten sofort alles stehen und liegen lassen, um als Showgirl die Nächte auf ihren Konzerten durchzutanzen. Und siehe da – mein Traum wurde eines Abends in Los Angeles wahr, als die „Oprah Winfrey Show" mit Tina Turner auf Tournee ging. Nachdem ich einen ganzen Tag lang für einen einzigen Song geprobt hatte, bekam ich meine Chance.

Keine andere Erfahrung in meinem Leben war so nervenaufreibend, beängstigend und erhebend zugleich. Fünf Minuten und 27 Sekunden lang konnte ich spüren, was es bedeutet, live auf einer großen Bühne abzurocken. Noch nie fühlte ich mich so fehl am Platze, noch nie stand ich derart neben mir. Ich weiß noch, wie ich im Geiste die Schritte zählte, um den Rhythmus zu halten, und dabei auf den großen Kick wartete. Ich hatte unglaubliche Hemmungen. Dann plötzlich dämmerte mir: Pass auf, Mädchen, das hier ist schneller vorbei, als du schauen kannst. Wenn du dich nicht auf der Stelle locker machst, wirst du den Spaß komplett verpassen. Also warf ich meinen Kopf zurück, vergaß den ganzen Kram von wegen Schritt, Schritt, Drehung, Kick und tanzte einfach los. Yeaaah!!!

Einige Monate später bekam ich von meiner Freundin und Mentorin Maya Angelou ein Päckchen: ein Geschenk, hatte sie mir angekündigt, das alle ihre Töchter erhalten sollten. Ich packte es aus und hielt eine CD in Händen. Den Song von Lee Ann Womack kann ich immer noch nicht anhören, ohne ein bisschen zu weinen. Dieses Lied, das exemplarisch für Mayas Leben steht, hat folgenden Refrain: When you get the choice to sit it out or dance, I hope you dance – Wenn du wählen kannst, ob du etwas aussitzt oder tanzt, dann wirst du hoffentlich tanzen.

Wenn ich eins vom Leben gelernt habe, dann ist es das hier: Jeder Tag bietet die Gelegenheit, tief Luft zu holen, die Schuhe in die Ecke zu feuern und einfach loszutanzen – ohne Reue zu leben, mit so viel Freude, Spaß und Lachen, wie man nur verkraften kann. Man kann mutig auf der Bühne des Lebens Walzer tanzen und seiner inneren Stimme vertrauen, die einen in die richtige Richtung leitet, oder sich eingeschüchtert in eine Ecke zurückziehen, wo Ängste und Selbstzweifel lauern.

Genau jetzt haben Sie die Wahl – denn dies ist der einzige Augenblick, der Ihnen gewiss ist. Ich hoffe sehr, dass die vielen unwichtigen Alltagssorgen Sie nicht dermaßen in Anspruch nehmen, dass Sie darüber vergessen, Ihr Leben zu genießen – denn dieser Augenblick ist schon wieder so gut wie vorbei. Ich hoffe, der heutige Tag bleibt Ihnen als der in Erinnerung, an dem Sie beschlossen haben, dass jeder Augenblick zählt und dass Sie jede Stunde so genießen werden, als sei es Ihre letzte. Und wenn Sie wählen können, ob Sie etwas aussitzen oder ob Sie tanzen, dann tanzen Sie hoffentlich!

Ich nehme mein Wohlbefinden sehr ernst. Ich arbeite hart, kann aber auch genießen, denn ich glaube an die Prinzipien von Yin und Yang. Viel brauche ich nicht zum Glücklichsein, weil vieles, was ich tue, mich sehr zufrieden macht. Aber natürlich gibt es unterschiedliche Stufen von Zufriedenheit. Und weil ich versuche, das, was ich predige, auch zu praktizieren – nämlich im Augenblick zu leben – , achte ich meist sehr bewusst darauf, wie gut es mir gerade geht.

Bei Telefonaten mit meiner besten Freundin Gayle King muss ich oft so lachen, dass ich Kopfschmerzen kriege. Und während ich noch nach Luft schnappe, wird mir manchmal schlagartig klar, wie viel Glück ich habe: Wie oft haben wir schon nachts telefoniert, und immer redet sie Klartext mit mir und kann so herzhaft dabei lachen. Das nenne ich eine Fünf-Sterne-Freude.

Wer die Fähigkeit besitzt, Vier- oder Fünf-Sterne-Freude zu empfinden und sich auch selbst solche Freude zu bereiten, kann sich wirklich glücklich schätzen. Ich vergebe schon fünf Sterne dafür, dass ich morgens bei klarem Verstand aufwache und in der Lage bin, meine Füße vors Bett zu setzen, ins Badezimmer zu gehen und einfach meinen Alltag zu bewältigen – es gibt viele Menschen, die für so einfache Dinge zu krank sind.

Eine starke Tasse Kaffee mit einem richtig guten Haselnusssirup: vier Sterne. Ein Waldspaziergang, bei dem ich meine Hunde ohne Leine laufen lassen kann: fünf Sterne. Sport? Immer noch nur ein Stern. Im Schatten meiner

Eichen die Sonntagszeitung lesen: vier Sterne. Ein richtig gutes Buch: fünf Sterne. Bei Quincy Jones in der Küche rumsitzen und quatschen: fünf Sterne. Anderen Menschen Gutes tun können: fünf plus! Die besondere Freude besteht darin, dass der Empfänger den Sinn und Zweck meiner Gabe zu würdigen weiß. Ich bemühe mich, jeden Tag jemandem etwas Gutes zu tun, egal ob Bekannten oder fremden Menschen.

Eins weiß ich genau: dass Freude eine Energie erzeugt, die nicht verloren geht. Was Sie geben, kommt zu Ihnen zurück. Ihre Lebenseinstellung bestimmt das Maß Ihrer Lebensfreude mit.

Wichtiger, als scharfe Augen zu haben, ist der Blickwinkel. Eine innere Stimme, die einen mit Weisheit und Güte durchs Leben begleitet – das ist wahrlich eine große Freude. Das Leben hält viele wunderbare Schätze bereit, wenn wir uns nur einen Moment Zeit nehmen, sie zu würdigen. Ich nenne dies meine Aaah-Momente und habe gelernt, wie ich sie selbst kreieren kann. Beispiel gefällig? Um vier Uhr nachmittags eine Tasse Masala Chai (heiß und würzig, mit aufgeschäumter Mandelmilch) belebt mich und bringt mich für den Rest des Arbeitstags wieder in Schwung. Eins weiß ich ganz sicher: dass solche kleinen Momente große Wirkung haben. Sie verschaffen einem neue Energie, Abstand zu den Dingen und die Gelegenheit, wieder zu sich zu kommen.

Das Wort „exquisit" habe ich schon immer besonders geliebt. Es zergeht einem förmlich auf der Zunge. Und noch erfreulicher als ein exquisites Mahl ist eine exquisite Erfahrung, so üppig und vielschichtig wie eine Kokostorte. Beides – die Torte und die Erfahrung – bekam ich zu meinem Geburtstag vor ein paar Jahren. In solchen Momenten, wenn sich alles plötzlich wie von Zauberhand fügt, habe ich immer den Eindruck, Gott zwinkert mir zu.

Ich war kurz zuvor aus Indien zurückgekommen und war mit ein paar Freundinnen in meinem Haus auf Maui, wo ich mir zur Feier meines 58. Geburtstags ein paar Tage Entspannung gönnen wollte.

Auch in unserem Alter sitzen Freundinnen noch bis tief in die Nacht zusammen und quatschen. Am Abend vor meinem Geburtstag hockten wir zu fünft noch um halb eins am Tisch, ermattet von stundenlangen Gesprächen, die von Männern bis Mikrodermabrasion praktisch alle Themen abdeckten. Wir hatten viel gelacht und auch ein bisschen geweint – wie es eben zugeht, wenn Frauen sich fallen lassen können.

Zwei Tage später sollte ich den berühmten spirituellen Meister Ram Dass interviewen, und eher aus Zufall summte ich ein Lied vor mich hin, in dem sein Name vorkommt.

„Was summst du denn da?", fragte mich meine Freundin Maria unvermittelt.

„Ach, das ist nur ein Lied, das ich gerne mag."

„Ich kenne das Lied", antwortete sie. „Ich höre es jeden Abend."

„Ach komm", sagte ich, „das kennt doch kein Mensch. Das ist auf einem Album von Snatam Kaur."

„Ja", sagte Maria, „ja, klar, Snatam Kaur! Die höre ich jeden Abend, bevor ich schlafen gehe. Woher kennst du sie?"

„Peggy (eine andere meiner anwesenden Freundinnen) hat mir die CD vor zwei Jahren geschenkt, und seither höre ich sie ständig. Ich lege sie jeden Tag auf, bevor ich meditiere."

Nun prusteten wir beide los. „Das gibt's doch nicht!"

„Ich habe sogar mit dem Gedanken gespielt, Snatam Kaur zu meinem Geburtstag hier live für mich singen zu lassen", sagte ich, als ich wieder Luft bekam. „Aber dann dachte ich, ach, ich lass es, der Aufwand ist zu groß. Wenn ich gewusst hätte, dass du sie auch magst, hätte ich es gemacht."

Als ich dann später im Bett lag, dachte ich: Das ist doch wieder typisch, dass ich den Aufwand für eine Freundin betrieben hätte, für mich selbst aber nicht. Ich muss das, was ich anderen immer predige, auch selbst tun und mir mehr Wertschätzung entgegenbringen. Hätte ich Snatam Kaur doch für einen Auftritt eingeladen, wünschte ich mir noch, bevor ich einschlief.

Am nächsten Tag, meinem Geburtstag, nahmen wir an einer sogenannten Landsegnungszeremonie eines hawaiianischen Häuptlings teil. Bei Sonnenuntergang saßen wir dann mit Cocktails auf der Veranda. Als meine Freundin Elizabeth sich erhob, dachte ich zuerst, sie würde ein Gedicht vorlesen oder eine Rede halten. Sie sagte jedoch: „Du hast es dir gewünscht, und deshalb wird es wahr." Sie läutete ein kleines Glöckchen, und plötzlich erklang Musik.

Die Töne kamen erst gedämpft, als wären die Lautsprecher nicht in Ordnung. Was ist denn jetzt los, fragte ich mich, und in diesem Moment erschien auf meiner Veranda Snatam Kaur mit ihrem weißen Turban, gefolgt von ihren Musikern. „Wie habt ihr das nur hingekriegt?", rief ich und fing vor Rührung an zu weinen. Maria, die mit Tränen in den Augen neben mir saß, ergriff meine Hand und nickte bekräftigend: „Für dich selbst wolltest du es ja nicht machen, also haben wir es für dich getan."

Nachdem ich am Vorabend ins Bett gegangen war, hatten meine Freundinnen herumtelefoniert, um herauszufinden, wo sich Snatam Kaur gerade aufhielt und ob sie sie innerhalb der nächsten zwölf Stunden nach Maui holen konnten. Wie Gott und der Zufall es wollten, waren sie und ihre Band gerade in einer Stadt nur 30 Minuten entfernt, um für ein Konzert zu proben. Und sie fühlten sich „geehrt", dass sie kommen und für mich singen durften.

Es war eine unglaublich schöne Überraschung, und ich bin noch immer damit beschäftigt, die vielen Facetten ihrer Bedeutung zu entschlüsseln. Ich bin ganz sicher: An diesem Ereignis werde ich mich mein Leben lang erfreuen. Dass es geschah, wie es geschah, und dass es an meinem Geburtstag passierte: Das war einfach – exquisit!

Das Loben der Anderen

Es ist so verdammt einfach, die Welt blöd zu finden. Die Bahn hat schon wieder Verspätung, der Kaffee ist zu teuer, wieso macht sich die Kuh so breit auf dem Sitz? Und was hat der Typ bloß für ein unmögliches Hemd an! Es gibt nicht wenige Menschen, die sich glücklich jeden Tag versauen, indem sie diesen leicht säuerlichen, schmaläugigen Blick auf ihre Umgebung werfen, fast schon auf der Lauer nach Dingen, die sie ärgern oder wurmen könnten. Das Wetter, die Politik, das plärrende Kind – wie nervig! Und wie herrlich, sich darüber aufzuregen!

Wir leben in einer Kritikgesellschaft, einer ausgesprochenen Meckerkultur. Schon in der Schule ging es vor allem darum, Fehler anzustreichen: Nicht das Gelingen wird belohnt, sondern das Scheitern bestraft. Wenn etwas gut läuft, scheint das nicht weiter der Rede wert. Oder wie der Psychiater Fritz Simon sagt: „Das deutsche Prinzip lautet: Solange alles funktioniert, gibt es keine Reaktion. Nicht geschimpft ist gelobt genug."

Dass es auch anders geht, habe ich gelernt, als ich für ein paar Monate nach Brooklyn zog. Die New Yorker sind Meister des beiläufigen Lobens, des Kompliments im Vorübergehen. „Great pedicure, honey", sagt eine Frau beim Blick auf meine Füße und ist schon um die nächste Hausecke verschwunden. „I like your shirt", höre ich in der U-Bahn, „excellent choice", sagt der Buchhändler, wenn ich

ihm den neuen Jan McEwan auf den Kassentisch lege. Dieses dauernde wohlwollende Kommentieren war für mich zuerst ein Schock, die klassisch deutsche Reaktion ein misstrauisches „Was wollen die von mir?". Die Antwort: nichts. Die sagen nur, was ihnen gefällt. Und das macht allen Beteiligten unwahrscheinlich gute Laune: Diejenigen, denen was Schönes auffällt, freuen sich drüber, diejenigen, denen es gesagt wird, noch viel mehr. Eigentlich ganz einfach.

In Deutschland dagegen haben Komplimente fast immer den Beigeschmack manipulativer Unehrlichkeit. Lob scheint hier lediglich Mittel zum Zweck zu sein – und grundsätzlich nur von oben nach unten erfolgen zu dürfen. In Lobratgebern für Eltern und Führungskräfte wird der korrekte Einsatz von Lob zur Leistungssteigerung, zur „Wertschöpfung durch Wertschätzung" (zynische Managementtrainer sprechen gern vom Milka-Effekt – glückliche Kühe geben mehr Milch …) oder als pädagogisches Instrument gelehrt: Bitte stets die Leistung, nicht die Person loben, und bitte immer hübsch angemessen, nicht zu viel, nicht zu wenig. Das Ganze läuft dann auch noch gern unter dem gruselig seelenlosen Begriff „Feedback". Kein Wunder, dass wir ein derart verkrampftes Verhältnis zum Lob haben – und dass gleichzeitig der Frust über fehlende Anerkennung hier gut doppelt so groß ist wie im europäischen Durchschnitt, wie eine Studie kürzlich ergab.

Seit Brooklyn habe ich mir jedenfalls angewöhnt, alles Schöne und Gelungene ganz ohne irgendwelche Absichten zu kommentieren. Dafür gibt es jeden Tag hundert Gelegenheiten. Einer Supermarktkassiererin sage ich: „Unglaublich, wie schnell Sie sind", einer Frau im Café neben mir, was für tolle Schuhe sie hat, einem Mann in seinem Vorgarten, wie schön seine Rosen sind; ein Autofahrer, der mich einfädeln lässt, bekommt ein Winken. Viele reagieren verunsichert, einige wenige fühlen sich fast unsittlich belästigt, aber die große Mehrheit freut sich einfach nur, ebenso wie ich. Denn das Loben der anderen betreibe ich aus völlig egoistischen Motiven: Erst mit freundlichem Blick auf die Welt stellt man fest, wie großartig sie eigentlich ist, wie viel täglich klappt, wie schön das Leben in all seinen Kleinigkeiten ist. Das bedeutet natürlich nicht, dass ich ständig mit seligem Lächeln durch die Straßen hüpfe. Bitte! Ich bin Norddeutsche! Wir hüpfen aus Prinzip nicht. Aber das genaue Hinschauen (und das tollkühne Aussprechen, wenn man sich über etwas freut) sorgt für ein warmes, flauschiges Gefühl der Zufriedenheit, das sonst auf legalem Weg nur schwer zu erreichen ist. Müssen Sie unbedingt mal probieren.

Und: Danke, dass Sie diesen Text bis hierher gelesen haben. Leser wie Sie kann man sich nur wünschen. (Ah, das tat gut.)

Maya Angelou (1928–2014)

war eine US-amerikanische Autorin, Professorin und Bürgerrechtlerin, die sich für die Rechte der afroamerikanischen Bevölkerung einsetzte.

Simone de Beauvoir (1908–1986)

war eine französische Autorin, Philosophin und Feministin. Weltbekannt wurde sie durch ihr Werk Das andere Geschlecht, in dem sie sich mit der Rolle der Frau in einer patriarchalen Gesellschaft auseinandersetzt.

Elly Beinhorn (1907–2007)

war eine deutsche Pilotin, die besonders für ihre Rekordflüge bekannt war, zu denen etwa das Überfliegen dreier Kontinente an einem Tag gehörte.

Lily Brett (*1946)

ist eine australisch-amerikanische Autorin, die durch den Roman Einfach so bekannt wurde.

Coco Chanel (1883–1971)

Die weltbekannte französische Modedesignerin und Unternehmerin hat durch ihre Entwürfe die Modewelt nachhaltig geprägt und verändert. Wegen ihres Antisemitismus und ihrer Nähe zu Nationalsozialisten war sie auch eine umstrittene Persönlichkeit.

Emily Dickinson (1830–1886)

war eine amerikanische Dichterin, die post mortem durch ihr lyrisches Werk bekannt wurde.

Marie von Ebner-Eschenbach (1830–1916)

gehört zu den bedeutendsten deutschsprachigen Autorinnen des 19. Jahrhunderts. Bereits in frühen Jahren erkannte und förderte ihre Stiefmutter ihr schriftstellerisches Talent.

Monika Hunnius (1858–1934)

war eine deutsch-baltische Schriftstellerin. Sie gehört zu den bekanntesten deutschen Autorinnen des Baltikums im 20. Jahrhundert.

Selma Lagerlöf (1858–1940)

war eine schwedische Schriftstellerin. 1906 schieb sie Die wunderbare Reise des kleinen Nils Holgersson mit den Wildgänsen, eines ihrer populärsten Bücher. 1909 erhielt sie als erste Frau den Nobelpreis für Literatur.

Rosa Luxemburg (1871–1919)

gilt als Symbolfigur für Freiheit und Gleichheit. Von 1915 bis 1918 befand sie sich in Schutzhaft. Ihren Kampf um politische Gerechtigkeit bezahlte sie mit ihrem Leben.

Florence Nightingale (1820–1910)

war eine britische Krankenschwester und Statistikerin und hat sowohl das Pflegewesen revolutioniert als auch visuelle Modelle für Statistiken entwickelt.

Michelle Obama (*1964)

ist eine US-amerikanische Rechtsanwältin und Autorin. Bekannt wurde sie als First Lady der Vereinigten Staaten, nachdem ihr Ehemann Barack Obama zum 44. Präsidenten gewählt wurde.

Vita Sackville-West (1892–1962)

war eine britische Autorin und Gärtnerin. Bekannt wurde sie als Inspiration und Vorlage für den Roman Orlando, den ihre Freundin Virginia Woolf schrieb.

Johanna Schopenhauer (1766–1838)

war eine deutsche Autorin und Salonnière sowie Mutter des Philosophen Arthur Schopenhauer.

Annemarie Schwarzenbach (1908–1942)

war eine promovierte Schweizer Schriftstellerin, Journalistin und Fotografin. Zumeist im Auftrag von Schweizer Zeitungen hielt sie sich in verschiedenen Ländern der Welt auf (u. a. Persien, Russland, Afghanistan, Marokko).

Patti Smith (*1946)

ist eine US-amerikanische Musikerin, Lyrikerin, Fotografin und Malerin und gilt als „Godmother of Punk" und als Ikone der Frauenbewegung.

Madame de Staël (1766–1817)

war eine französische Schriftstellerin, deren Werk Über Deutschland als Vorläufer der Literatursoziologie gilt. Die Bezeichnung Deutschlands als „Land der Dichter und Denker" geht auf dieses Werk zurück.

Bertha von Suttner (1843–1914)

war eine österreichische Autorin, Pazifistin und Friedensforscherin. 1905 wurde sie als erste Frau mit dem Friedensnobelpreis ausgezeichnet.

Carmen Sylva (1843–1916)

war das Pseudonym der Prinzessin Elisabeth zu Wied, spätere Königin von Rumänien. Sie schrieb eigene Werke und übersetzte aus dem Französischen ins Deutsche. 1905 übernahm sie die Schirmherrschaft des neu gegründeten Berliner Lyceum-Klubs zur Förderung von Künstlerinnen und Wissenschaftlerinnen.

Oprah Winfrey (*1954)

ist eine US-amerikanische Moderatorin, Schauspielerin und Unternehmerin. Bekannt wurde sie für die Moderation der Oprah Winfrey Show, die bis zur Einstellung im Jahr 2011 die erfolgreichste Talkshow des US-amerikanischen Fernsehens war.

Meike Winnemuth (*1960)

ist eine deutsche Journalistin und Buchautorin. 2010 gewann sie in einer TV-Quizshow und reiste mit ihrem Gewinn zwölf Monaten um die Welt. Ihre Erlebnisse beschrieb sie in dem Buch Das große Los.

Virginia Woolf (1882–1941)

war eine britische Schriftstellerin und Verlegerin. Ihr Essay Ein Zimmer für sich allein machte sie zu einer Ikone der Frauenbewegung.

Malala Yousafzai (*1997)

ist eine Menschenrechtsaktivistin, die sich für die Schulbildung von Mädchen einsetzt. Für ihr Engagement erhielt sie 2014 den Friedensnobelpreis und ist damit die jüngste Preisträgerin in der Geschichte des Nobelpreises.

Quellen

Maya Angelou: Dennoch erhebe ich mich. Aus: dies., Phänomenale Frauen. Gedichte. Ausgewählt und übersetzt von Judith Zander © 1994 by Maya Angelou. © Suhrkamp Verlag Berlin 2020

Simone de Beauvoir, Memoiren einer Tochter aus gutem Hause, in der Übersetzung von Eva Rechel-Mertens © 1960 Rowohlt Verlag GmbH, Hamburg

Elly Beinhorn: Eintagesflug: Deutschland – Asien – Deutschland. Aus: Elly Beinhorn: Alleinflug © F.A. Herbig Verlagsbuchhandlung GmbH, München 2018

Auszug aus: **Lily Brett**, Alt sind nur die anderen. Aus dem Englischen von Melanie Walz © Lily Brett 2020 © der deutschen Ausgabe Suhrkamp Verlag Berlin 2020

Paul Morand, Adieu, nicht auf Wiedersehen. Aus: ders.: Die Kunst, Chanel zu sein. Gespräche mit Coco Chanel, in der Übersetzung von Annette Lallemand © 1998 Schirmer / Mosel, München

Auszug aus: **Michelle Obama**, Becoming © 2018 Wilhelm Goldmann Verlag, München, in der Penguin Random House Verlagsgruppe GmbH Übersetzung: Harriet Fricke / Tanja Handels / Elke Link

Vita Sackville-West, Reise nach Persien. Aus: dies., Zwölf Tage in Persien. Aus dem Englischen von Irmela Erckenbrecht © 2011 Verlag Klaus Wagenbach, Berlin

Auszug aus: **Patti Smith**, Hingabe; in der Übersetzung von Brigitte Jakobeit © Verlag Kiepenheuer & Witsch GmbH & Co.KG, Köln 2019

Oprah Winfrey: Freude. Aus: dies.: Was ich vom Leben gelernt habe; aus dem Englischen von Andrea Kunstmann © S. Fischer Verlag GmbH, Frankfurt am Main 2015

Meike Winnemuth, Das Loben der anderen. Aus: dies., Um es kurz zu machen. Über das unverschämte Glück, auf der Welt zu sein. © 2015 Albrecht Knaus Verlag, München, in der Penguin Random House Verlagsgruppe GmbH

Virginia Woolf, Lady Lesswade reist. Aus: dies., Die Jahre, herausgegeben von Klaus Reichert, in der Übersetzung von Brigitte Walitzek © 2000, S. Fischer Verlag GmbH, Frankfurt am Main

Malala Yousafzai / Christina Lamb: Rede vor den Vereinten Nationen am 12. Juli 2013. Aus: dies., Ich bin Malala © Verlagsgruppe Droemer Knaur GmbH & Co. KG, 2013